BERNADETE MORAES

Prefácio de Robson Hamuche

PARE DE MENTIR PARA SI MESMO

Descubra como sua mente engana você
e aprenda a superar a autossabotagem com
ferramentas de saúde mental

Gente
AUTORIDADE

Diretora
Rosely Boschini
Diretora Editorial
Joyce Moysés
Editora
Carolina Forin
Assistente Editorial
Mariá Moritz Tomazoni
Produção Gráfica
Leandro Kulaif
Edição de Texto
Gabrielle Carvalho
Preparação
Fernanda Guerriero Antunes
Capa
Renata Zucchini
Projeto Gráfico
Márcia Matos
Plinio Ricca
Diagramação
Plinio Ricca
Revisão
Wélida Muniz
Débora Spanamberg Wink
Impressão
Grafilar

CARO(A) LEITOR(A),
Queremos saber sua opinião sobre nossos livros.
Após a leitura, siga-nos no **linkedin.com/company/editora-gente**, no TikTok **@editoragente** e no Instagram **@editoragente**, e visite-nos no site **www.editoragente.com.br**.
Cadastre-se e contribua com sugestões, críticas ou elogios.

R. Dep. Lacerda Franco, 300 – Pinheiros
São Paulo, SP – CEP 05418-000
Telefone: (11) 3670-2500
Site: www.editoragente.com.br
E-mail: gente@editoragente.com.br

Dados Internacionais de Catalogação na Publicação (CIP)
Angélica Ilacqua CRB-8/7057

Moraes, Bernadete
Pare de mentir para si mesmo : descubra como sua mente engana você e aprenda a superar a autossabotagem com ferramentas de saúde mental / Bernadete Moraes. - São Paulo : Autoridade, 2025.
160 p.

ISBN 978-65-6107-059-1

1. Desenvolvimento pessoal I. Título

25-1938 CDD 158.1

Índices para catálogo sistemático:
1. Desenvolvimento pessoal

NOTA DA PUBLISHER

Em um mundo em que todos parecem estar bem nas redes sociais, muitas pessoas carregam, em silêncio, o peso de não entender o que sentem, de repetir padrões que as afastam da felicidade e de se desconectarem de si mesmas. É isso que chamamos de autossabotagem emocional, e é exatamente essa dor invisível que este livro busca transformar.

O que me tocou profundamente quando conheci o projeto de Bernadete Moraes foi a clareza com que ela nomeia o que muitos sentem, mas não conseguem explicar. Ela traz luz àquela pergunta incômoda: "Por que, mesmo quando tudo parece bem, ainda me sinto tão mal?". E a resposta está na mente, que, embora esteja tentando nos proteger, pode também nos aprisionar.

Bernadete é uma terapeuta que carrega uma bagagem de muito conhecimento, que ela coloca em prática sempre com escuta e empatia. Com sua experiência clínica e seu olhar acolhedor, desenvolveu o método psicossistêmico não a partir de teorias isoladas, mas da vivência com centenas de pacientes e da sua inquietação genuína diante do sofrimento humano.

Ao longo desta leitura, você será conduzido a identificar os próprios ciclos de autossabotagem, a entender como a mente cria ilusões para evitar a dor e, principalmente, a acessar caminhos reais de libertação emocional. Esta é uma obra que oferece um mergulho seguro em temas profundos, como os impactos da ansiedade, da depressão, da culpa e do medo do sucesso – sempre com exercícios práticos e uma linguagem acessível, sem abrir mão da profundidade.

Se você sente que está pronto para deixar de sobreviver e começar a viver com mais consciência, leveza e autenticidade, este livro é para você. Portanto, abrace esta leitura como um convite para conhecer a si mesmo e transformar sua mente em sua maior aliada.

ROSELY BOSCHINI
CEO e Publisher da Editora Gente

Agradeço por estar viva e ter a chance de compartilhar
experiências que transformam vidas.
Dedico este livro a todos os que passaram e passam
pela minha vida de alguma forma. Cada encontro deixa
marcas e leva um pouco de mim.
Que estas páginas nos conectem de coração e que
você se sinta parte dessa contribuição.
Aprender só para si não basta.
Aqui, compartilho o caminho que percorri e
o método que nasceu da escuta, da prática,
dos estudos e dos resultados obtidos.
À minha família, meu amor.
A Deus, minha base e inspiração.

SUMÁRIO

PREFÁCIO

Certa vez, experimentei a morte. Meu coração parou por alguns instantes, meu corpo apagou e minha alma foi levada para um lugar onde o tempo não existe. Foi ali, naquele intervalo entre o aqui e o além, que entendi com profundidade o que significa estar vivo – e também o que significa desperdiçar a vida.

Pouca gente sabe, mas eu já pesei 157 quilos. Me escondia atrás de uma capa de gordura porque não sabia quem eu era. Duvidava de mim, do meu valor, das minhas capacidades. Eu me colocava em último lugar e todo mundo na minha frente, até que a vida me parou. Fiz uma cirurgia bariátrica e tudo deu errado: fui reoperado seis vezes. Fiquei sete dias em coma e passei dois meses na UTI. Olhei a morte nos olhos, e foi nesse lugar – escuro, silencioso e profundo – que eu comecei minha verdadeira jornada.

A dor me empurrou para dentro. Me jogou no abismo do autoconhecimento. Havia um buraco dentro do meu peito que nenhuma comida, conquista ou aprovação conseguia preencher. Foi aí que eu entendi: o que estava faltando não era do mundo, era meu. A minha verdade. O meu propósito.

E é por isso que este livro é tão importante. Porque ele é um convite para que você não precise passar pela dor para finalmente despertar.

Quando conheci Bernadete Moraes, reconheci na alma dela essa mesma travessia. Ela também viveu uma experiência de quase morte. Também voltou de lá com um chamado. Uma missão. E uma entrega que só quem passou por esse renascimento consegue ter.

Ao longo do nosso processo de mentoria, vi Bernadete se posicionar com amor, com firmeza, com alma. Me lembro de um momento especial: em um dos nossos encontros em grupo, uma das mentoradas estava completamente voltada para o mundo, esquecendo de si mesma. Foi Bernadete, com a sua delicadeza e sabedoria, quem ajudou essa mulher a se enxergar de novo. A se priorizar. A dizer sim para si mesma. Naquele gesto aparentemente simples, eu percebi o tamanho da educadora que ela é. Uma mulher que desperta almas, que cura com a palavra, que serve com humildade.

Este livro nasce desse lugar. Não é um manual raso: é um espelho profundo. Um mapa real. Um lembrete de que a mente mente, e de que só quando olhamos para o que sentimos é que conseguimos viver com verdade.

Gosto muito de uma frase que me acompanha há anos: "A maior distância que já percorri foi entre meu coração e minha mente". Essa frase diz tudo. Enquanto essa distância existir, viveremos partidos. Perdidos. Desalinhados.

Bernadete desenvolveu o método psicossistêmico justamente para ajudar a equalizar esse caminho. Para unir razão e sentimento, a mente e a alma. É uma metodologia que integra ciência, psicanálise, hipnose, espiritualidade e prática clínica, mas, acima de tudo, é um chamado à verdade. A sua verdade.

E talvez essa seja a maior coragem da nossa era: parar de mentir para si mesmo. Assumir quem você é. Curar o que dói. E, principalmente, colocar no mundo aquilo que só você pode entregar.

Se ao longo da leitura você sentir vontade de chorar, de mudar de rota, de recomeçar, siga em frente. Significa que você começou a se escutar. Que sua alma está voltando para casa. E se em algum momento dessa jornada você sentir que precisa de ajuda, saiba que não está só. Eu e Bernadete estamos aqui – não para salvar ninguém, mas para lembrar você do que nunca deixou de ser seu: o direito de viver uma vida com verdade, com propósito e com presença.

Com honra, gratidão e esperança,

ROBSON HAMUCHE

Mentor, palestrante, escritor e fundador do Resiliência Humana

INTRODUÇÃO

Já se sentiu angustiado, ansioso, sem entender o que está acontecendo com você e sem saber que caminho tomar para melhorar? Já se pegou pensando que seus problemas não têm solução, mesmo tendo feito de tudo para resolvê-los? Ou conhece alguém que ora está bem, ora perde tudo e se sente desanimado, parecendo preso a um ciclo de fracassos, tristeza, doenças e perdas?

Como terapeuta, sempre me deparei com situações como essas, que trazem desânimo, procrastinação, dor e sofrimento. Conforme atendia mais pacientes em meu consultório, ficava cada vez mais inconformada com a quantidade dos que repetiam ciclos negativos na própria vida, que não conseguiam ter relacionamentos saudáveis, não prosperavam e não alcançavam uma vida equilibrada e feliz. O inconformismo crescia ao ouvir relatos daqueles que se sentiam culpados por terem tudo na vida, mas, mesmo assim, serem tristes, solitários e angustiados. Diziam: "Não aguento mais viver!", e relatavam que ouviam das pessoas de seu círculo mais próximo que eram mal-agradecidos. "Isso é falta do que fazer! É frescura de rico, trabalha que passa!" No final, acabavam decepcionados e magoados pela incompreensão e pelo descaso.

Eu me perguntava: por que essas pessoas, tendo tudo, ainda estão infelizes e angustiadas? Essa inquietação me impulsionou a buscar uma solução para o sofrimento. Decidi ir atrás de mais conhecimento, pois só assim teria as bases necessárias para atuar e contribuir de maneira efetiva em meus atendimentos e na minha vida profissional.

Aprofundei-me em diversos métodos, filosofias e terapias, dedicando-me especialmente ao estudo da psicanálise, da hipnoterapia verbal e não verbal, da visão sistêmica, do reiki, da medicina germânica, da física quântica e da programação neurolinguística (PNL). Tudo isso porque queria compreender os sentimentos e a psique humana, de modo a oferecer o melhor atendimento possível e as melhores técnicas aos meus pacientes, com embasamento científico – e, acima de tudo, com muito amor e respeito pela história de cada um. Teoria e prática sempre andaram juntas na minha vida profissional, seja como terapeuta, seja como empresária e educadora.

Durante todos esses anos de prática profissional, observei um comportamento comum em meus colaboradores e pacientes: a autossabotagem. Ela acontece quando a pessoa, consciente ou inconscientemente, dificulta o próprio sucesso ou bem-estar com ações ou pensamentos negativos. Isso pode ocorrer de várias formas, como procrastinação, autocrítica em excesso, falta de comprometimento consigo mesmo e com os outros, perfeccionismo, medo do fracasso e, pasme, medo do sucesso. A autossabotagem pode levar a comportamentos destrutivos que nem sempre são percebidos de imediato. E por que estou falando de autossabotagem? Porque ela é uma das principais razões de infelicidade e de angústia, sem que a pessoa se dê conta disso.

Uma paciente chegou ao meu consultório se queixando de que, por "culpa" do marido, não teve a oportunidade de estudar, pois precisava ficar em casa cuidando dos afazeres domésticos. Ao trabalharmos essa questão em terapia, a paciente percebeu que optou por ficar em casa, em vez de frequentar uma faculdade, porque tinha medo de lidar com uma nova rotina, conhecer novas pessoas e vivenciar uma nova realidade. O medo incluía até mesmo não conseguir passar no vestibular, e eu percebi isso quando ela falou: "Menti para mim mesma, sempre tive medo de não passar no vestibular, e sentia muita vergonha antes mesmo de ter tentado". Nesse exemplo, a paciente escolheu, teoricamente, o caminho mais fácil, que foi o de colocar a responsabilidade em outra pessoa por ela não ter feito uma faculdade. Digo que é o caminho mais fácil na teoria, pois, na prática, acaba sendo o caminho mais doloroso, já que, com o tempo, ao abrir mão da autorresponsabilidade, a pessoa abdica de sua autonomia e do poder de escolher o melhor caminho para si.

Ao não enxergar que a solução de nossos problemas está em nós mesmos, acionamos mecanismos de defesa para justificar nossa falta de ação e adiamos o processo de autoconhecimento que podemos pôr em prática quando estamos conscientes de nossa realidade, já que adiamos nossas decisões e passamos a viver em uma realidade criada por nossa mente. E aqui vem o pulo do gato: é fundamental saber discernir o que é real do que é criação da nossa mente.

A mente humana é uma ferramenta poderosa, que pode nos levar a caminhos inimagináveis e influenciar nossas ações e emoções de maneira profunda. A autossabotagem é um comportamento que atua de maneira sutil, quase imperceptível, e que pode se manifestar por meio de comportamentos aparentemente inofensivos. Ao longo do tempo, porém, pode destruir nossas chances de sucesso e de felicidade. Vemos muitas pessoas que perdem oportunidades profissionais por medo do crescimento e do sucesso que podem alcançar, ou que deixam de se relacionar com os outros por medo da rejeição ou por questões mal resolvidas. Entender quando estamos sendo realistas e quando estamos presos em uma ilusão ou honrando nosso sistema familiar é essencial para quebrar esse ciclo destrutivo.

Pensemos na procrastinação. Quantas vezes adiamos tarefas importantes, convencidos por pensamentos como: "Não é urgente, posso fazer depois" ou "Não estou com vontade de fazer isso agora"? Embora essas justificativas pareçam razoáveis, elas são criadas com frequência por nossa mente para evitar o desconforto e economizar energia, tirando o foco do alcance de nossos objetivos. No fundo, essa procrastinação é um modo de autossabotagem que impede o crescimento.

Outro exemplo comum é a autocrítica excessiva. Muitas pessoas acreditam que precisam ser duras consigo mesmas, mas essa atitude pode ser uma ilusão criada pela mente, minando a autoconfiança e criando um ciclo de negatividade. A mente nos faz acreditar que nunca somos bons o suficiente, o que nos paralisa e nos impede de tentar novas oportunidades ou desenvolver nossas habilidades.

Para combater a autossabotagem, é essencial desenvolver a autoconsciência. Isso envolve observar nossos pensamentos e atitudes, questionando sua veracidade. Ao percebermos um pensamento negativo ou limitante, devemos nos perguntar: "Isso é mesmo verdade ou estou analisando a situação da maneira mais fácil e cômoda para mim?". Muitas vezes, essa simples reflexão pode revelar que estamos sendo vítimas da nossa imaginação. Reconhecer a diferença entre a realidade e as ilusões criadas por nossa mente é fundamental para superar a autossabotagem. Ao desenvolver mais autoconsciência, adotando práticas que promovam uma visão mais objetiva e positiva, liberamos nosso verdadeiro potencial para alcançar o sucesso e a felicidade que merecemos.

E é aqui que entram o meu trabalho e as pesquisas que fiz ao longo de anos: ao integrar essas técnicas, teorias e metodologias, notei que resultados incríveis começaram a aparecer. Essa integração foi mágica e reveladora, fornecendo-me as bases para o desenvolvimento de um método próprio, que apliquei em uma variedade de contextos: em pacientes individuais, empresas e escolas. Dei ao método o nome de psicossistêmico. Cada situação ou paciente era bastante similar, mas muito diferente em suas individualidades, e o método me forneceu ferramentas para lidar com essas diferenças de maneira prática e efetiva.

Esse método se mostrou extremamente eficaz na transformação de vidas, já que estimula uma mudança profunda, ajudando na identificação e no reconhecimento dos mecanismos de defesa que são acionados pela mente, acelerando o processo de evolução. É possível se libertar das crenças limitantes, superar estados depressivos, angústias, ataques de pânico e ansiedade, e vencer a autossabotagem; tudo isso por meio do autoconhecimento proporcionado pelo método psicossistêmico.

Se você está em busca de uma transformação profunda e duradoura, o método pode ser a chave que abrirá as portas para uma nova vida, em que você será o protagonista da própria jornada de superação e de sucesso. Ele oferece ferramentas práticas para enfrentar desafios, além de promover o autoconhecimento, a autorreflexão e a autorresponsabilidade.

Aproveite essa oportunidade para reinventar sua vida e criar uma história de sucesso que será inspiração para muitos. Você está pronto para embarcar nesta jornada? Seja o autor da sua história de superação e leve uma vida mais realizada e significativa. Com o método psicossistêmico, você terá um novo olhar sobre a vida e sobre si mesmo. Vamos juntos nesse processo de autoconhecimento?

01.

SAÚDE MENTAL EM SEGUNDO PLANO

Uma das principais queixas que escuto dos meus pacientes no consultório é a dificuldade que eles têm de se sentirem realizados, reconhecidos, amados, de ver sentido na própria vida e de ter equilíbrio em seus relacionamentos. Percebo que as dificuldades encontradas pelas pessoas resultam, principalmente, da falta de autoconhecimento e de não conseguirem detectar questões emocionais, psicológicas e sociais que ficaram gravadas em seu subconsciente e que podem ter relação com a nossa inteligência transgeracional, a inteligência herdada de nossos antepassados e que explica, em partes, como a influência deles molda nossas escolhas. Esse conhecimento pode ajudar no rompimento de ciclos prejudiciais e na escolha de novos caminhos.

Vivemos com muita pressa no mundo moderno, somos bombardeados por distrações, redes sociais e uma cobrança constante por sucesso e felicidade. Nesse cenário, é fácil perder o contato com nossas emoções e necessidades. Bloqueamos "o sentir" e vivemos no modo automático, buscando evitar o sofrimento. Só que esse não pensar aprofunda ainda mais a sensação de vazio, baixa autoestima e desamor.

A falta de autoconhecimento afeta a maneira como nos relacionamos com os outros e com nós mesmos. Pessoas que não conseguem identificar o que realmente sentem, do que precisam, o que as faz felizes ou o que as motiva acabam presas a uma busca incessante por algo que mal conseguem nomear. Elas acabam achando que os outros estão felizes, mas elas, não, e se perdem porque buscam coisas fora de si mesmas, como se alguém ou alguma situação tivesse culpa por sua tristeza, insatisfação ou infelicidade. Em sua visão, parece que todos estão felizes ou vivem melhor do que elas. Sabe aquele ditado? "A grama do vizinho é mais verde do que a minha."

No final das contas, a verdadeira mudança começa quando decidimos parar de olhar para fora e começamos a observar o que se passa dentro de nós. Apenas por meio do autoconhecimento é possível romper com os padrões repetitivos que nos mantêm presos ao sofrimento. Esse processo não acontece de maneira rápida ou indolor, mas ele é essencial para identificarmos o que nos angustia e nos faz sofrer, possibilitando, desse modo, que alcancemos uma vida mais plena e significativa.

POR QUE DEIXAMOS A SAÚDE MENTAL SEMPRE PARA DEPOIS?

A saúde mental, apesar de ser um pilar fundamental para o bem-estar, continua sendo negligenciada e, frequentemente, colocada em segundo plano. As pessoas, muitas vezes, subestimam sua importância, até que os problemas emocionais ou psicológicos se tornam impossíveis de ignorar. Há uma série de razões pelas quais isso acontece, e as consequências dessa desatenção se refletem em depressão, síndrome de burnout, estagnação, falta de motivação para realizar atividades básicas, compulsões alimentares, uso de drogas lícitas ou ilícitas, dificuldades nos relacionamentos e isolamento social. As pessoas começam a adoecer física e emocionalmente.

Uma das principais razões para essa negligência é a falta de conhecimento da importância de cuidar da saúde mental. As pessoas acabam valorizando a saúde física, a vida profissional etc., esquecendo-se de que é a saúde mental que rege nossa vida. Mesmo com os avanços no campo da psicologia, da psicanálise e da psiquiatria, a sociedade ainda vê as questões emocionais de modo equivocado, muitas vezes associando-as a fraqueza, preguiça, karma, "praga", indolência, levando as pessoas a esconderem seus problemas ou a tentarem lidar com eles sozinhas, sem buscar a ajuda de um profissional. Além disso, muitos acham que priorizar a saúde mental é algo supérfluo ou menos importante do que cuidar do corpo físico ou atender às demandas diárias, por exemplo. Equivocam-se quando pensam que a saúde mental se trata em um passe de mágica ou apenas com medicamentos; na verdade, é um processo como outro qualquer e exige continuidade, persistência e coragem no enfrentamento dos fantasmas criados pela mente, além de responsabilidade para assumir as próprias escolhas e suas consequências.

A cultura do "ter e do fazer" transpõe a cultura do "ser". Na sociedade moderna, existe uma pressão constante por resultados rápidos e alta performance em todas as esferas da vida. Essa mentalidade valoriza a eficiência e o sucesso material, muitas vezes em detrimento do bem-estar emocional. As pessoas se sentem na obrigação de estar sempre bem, dentro de um "padrão" imposto pela mídia e pela sociedade; estão sempre se comparando com os outros, perseguindo objetivos externos, e acabam colocando suas necessidades internas para o final da lista de prioridades. Quando falamos em buscar apoio psicológico ou de cultivar práticas que promovam a saúde mental, é comum ouvir frases como "Não tenho tempo para isso agora", "Está tudo bem", "Estou na correria", "Depois me cuido, vou tomar um remédio que passa".

Outro fator importante é a falta de educação sobre saúde mental. Embora o conhecimento a respeito do funcionamento do corpo físico seja amplamente divulgado, muitos não entendem como as emoções, o estresse crônico e os traumas impactam muito a mente e o corpo. Essa falta de compreensão faz as pessoas só buscarem ajuda quando estão em um estágio avançado de sofrimento, quando os problemas já se manifestaram como doenças graves ou transtornos que paralisam suas vidas.

Quando a pessoa não consegue lidar com seus problemas, o corpo acaba mostrando isso. As consequências de colocar a saúde mental em segundo plano são profundas e devastadoras. Uma delas é a estagnação emocional e pessoal, em que elas se veem presas a ciclos de apatia, sem conseguir evoluir nem se engajar na vida com plenitude. A ausência de motivação para buscar novos projetos, relacionar-se de maneira saudável e desfrutar de coisas que antes traziam prazer é um reflexo direto de uma saúde mental fragilizada. A mente, quando negligenciada, pode se tornar um campo fértil para armadilhas emocionais, acionando mecanismos de defesa que nem sempre são percebidos de imediato. Como eu sempre gosto de dizer, a mente mente para nos proteger. Ganhos secundários[1] camuflam a verdade, levando a um ciclo de insegurança, insatisfação e irritabilidade, sem que se tenha consciência do que de fato está acontecendo.

O desprezo pela saúde mental tem como consequência uma vida em "modo automático" – a pessoa acorda, come, trabalha, volta a dormir sem ter consciência do que fez no dia; ou seja, passa pela vida como um zumbi, cumprindo tarefas e demandas, sem nada sentir, sem ter um propósito que a estimule a acordar todo dia. As emoções negativas e as cenas traumáticas fotografadas pela nossa mente, quando não são tratadas ou ressignificadas, crescem como uma bola de neve, tornando-se cada vez mais difíceis de administrar e impactando todas as áreas da vida: trabalho, relacionamentos e bem-estar pessoal.

1 O conceito de ganho secundário foi introduzido por Freud em 1923. Na psicanálise e na medicina, a ideia de ganho secundário refere-se aos benefícios que um transtorno ou doença podem trazer ao paciente e que podem justificar o seu desejo de continuar doente. Em busca desses benefícios, algumas pessoas podem simular de modo deliberado e consciente algum mal inexistente, mas o ganho também pode se dar de modo automático e inconsciente.
GANHO secundário. **AbcMed**, 29 nov. 2018. Disponível em: www.abc.med.br/p/psicologia-e-psiquiatria/1328028/ganho-secundario.htm. Acesso em: 25 mar. 2025.

Qualquer gatilho pode desencadear sintomas que poderão paralisar sua vida caso não sejam compreendidos e tratados. Certa vez, atendi a uma paciente que estava lidando com tanto estresse e ocupada com tantos afazeres e obrigações que, um dia, ao acordar, ela teve um apagão de memória, não conseguindo se lembrar de questões básicas de sua rotina, como a senha para fazer transações bancárias e o número do próprio telefone. Se ela não tivesse buscado ajuda, provavelmente o problema teria piorado e ela poderia sofrer consequências irreversíveis.

HÁ UMA EPIDEMIA DE TRANSTORNOS MENTAIS NA SOCIEDADE ATUAL

Assim como a saúde física, a saúde mental é um direito básico de todo indivíduo, fundamental para um desenvolvimento pleno e satisfatório. Quando falamos em saúde mental, estamos nos referindo "à condição de bem-estar em que a pessoa é capaz de lidar com situações e emoções cotidianas, ter satisfação em viver, compartilhar e se relacionar com os outros, manter-se produtiva, enfrentar adversidades e contribuir para a comunidade em que vive".[2] Assim, notamos como a saúde mental é uma condição complexa e dinâmica, que pode se alterar e deve ser acompanhada ao longo da vida.

De modo geral, o adoecimento mental se manifesta a partir da associação de múltiplas causas, como hereditariedade, traumas de infância ou familiares, desequilíbrio neuroquímico, exposição a condições estressantes (sociais, econômicas e culturais), dificuldade

---

2 COSTA, J. Ansiedade e depressão são os principais vilões da saúde mental. **Senado Federal**, 28 nov. 2023. Disponível em: www12.senado.leg.br/institucional/sis/noticias-comum/ansiedade-e-depressao-sao-os-principais-viloes-da-saude-mental. Acesso em: 27 mar. 2025.

em lidar com emoções, uso de drogas lícitas ou ilícitas e vivência de traumas.

A sociedade contemporânea está enfrentando uma verdadeira epidemia de transtornos mentais, como depressão, ansiedade, burnout, entre outros. Esses transtornos se tornaram problemas de saúde pública, com números alarmantes. De acordo com dados do último Relatório sobre Saúde Mental no Mundo, publicado pela Organização Mundial da Saúde (OMS), uma em cada oito pessoas vive com alguma doença ou transtorno mental, sendo que ansiedade e depressão são os mais comuns e chegam a representar 60% dos casos.[3] Os jovens estão mais sujeitos à ansiedade, enquanto os mais velhos convivem mais com a depressão. Esses números são apenas a ponta do iceberg, pois muitos casos não são diagnosticados ou não são tratados adequadamente.

A epidemia de transtornos mentais também pode ser compreendida como resultado das mudanças tecnológicas e sociais que marcaram as últimas décadas. Embora os avanços tecnológicos tenham proporcionado inúmeras facilidades e melhorias para o cotidiano, eles também introduziram um estilo de vida caracterizado pela falta de contato entre as pessoas, que não se encontram e ficam separadas, isoladas. E, como não há presença e cumplicidade, os relacionamentos acabam ficando distantes, gerando solidão e dificuldade em trabalhar os sentimentos. A tecnologia toma o lugar da presença e da interação, fatores primordiais para o desenvolvimento do ser humano. As pessoas não se comunicam e não se integram, ao ponto de estarem em uma mesma sala conversando entre si pelo telefone celular. A situação ficou tão grave que foi preciso criar uma lei para

---

3 *Ibidem.*

proibir o uso de celulares nas escolas de ensino básico durante o período de aula. Trata-se da Lei n. 15.100/2025, que restringe o uso de celulares nas escolas e que entrou em vigor em janeiro de 2025.[4]

O excesso de informação disponibilizado pela internet e pelas redes sociais sobrecarrega as pessoas, trazendo um sentimento de insuficiência e de não pertencimento constantes. Quando comparamos a nossa vida com a das pessoas que vemos nas redes sociais, parecemos estar sempre para trás, já que não conseguimos atingir o grau de "perfeição" delas. Essa dinâmica tem sido prejudicial principalmente para os jovens, que estão em fase de formação de identidade e são mais suscetíveis a internalizar essas comparações de modo negativo.

A sobrecarga de informações cria um ambiente no qual os indivíduos estão sempre expostos a um fluxo incessante de notícias, imagens, opiniões e comparações sociais. Essa exposição constante gera um estado de alerta mental permanente, que é um gatilho potencial para transtornos de ansiedade, estresse, confusão mental, insônia e irritabilidade.

Outro fator que alimenta essa epidemia é a chamada "cultura do desempenho". Em nossa sociedade, o sucesso e o valor pessoal são frequentemente medidos pela produtividade, pela conquista de bens materiais e pela manutenção constante da beleza e da juventude. Essa cultura cria uma pressão contínua para o indivíduo estar sempre "fazendo mais" e "alcançando mais", muitas vezes à custa do bem-estar emocional.

4 BRASIL. **Lei n. 15.100, de 13 de janeiro de 2025**. Dispõe sobre a utilização, por estudantes, de aparelhos eletrônicos portáteis pessoais nos estabelecimentos públicos e privados de ensino da educação básica. Brasília: Presidência da República, 2025. Disponível em: www.in.gov.br/en/web/dou/-/lei-n-15.100-de-13-de-janeiro-de-2025-606772935. Acesso em: 27 mar. 2025.

O burnout, em particular, tem se tornado um problema crescente, sobretudo entre jovens adultos, cuja geração cresceu sob a influência de expectativas acadêmicas e profissionais cada vez mais elevadas e enfrenta um ambiente de trabalho em que a competição é acirrada. A cultura da "disponibilidade constante", possibilitada pela tecnologia, faz muitas pessoas sentirem que precisam ser sempre produtivas e disponíveis para atender às demandas impostas pelo trabalho. Essa falta de delimitação clara entre as diferentes esferas da vida contribui para o esgotamento e o desenvolvimento de transtornos mentais, como ansiedade e depressão. As pessoas esquecem que, mesmo com as tecnologias, é necessário ter um momento de desconexão, de respiro, de olhar para si. Esses intervalos são fundamentais para se reconectar consigo mesmo e compreender os próprios sentimentos, as próprias emoções e necessidades.

Além disso, o estigma social em torno da saúde mental dificulta o acesso a cuidados apropriados. Muitos evitam procurar ajuda por medo de serem vistos como fracos, incapazes, loucos ou como alguém que tem "problema mental", o que aumenta o sofrimento e agrava o quadro clínico.

Reconhecer a importância do autoconhecimento no aumento da autoestima e compreender que o cuidado com a saúde mental deve ser levado a sério são questões que precisam fazer parte da nossa cultura, tanto quanto o cuidado com a saúde física, espiritual, financeira e amorosa; ou seja, precisamos cuidar do nosso corpo de maneira integral. Para isso, devemos reconhecer os gatilhos e as armadilhas que levam a mente a "mentir" para nós. Mas este será um tema para os próximos capítulos.

A VERDADEIRA MUDANÇA COMEÇA QUANDO DECIDIMOS PARAR DE OLHAR PARA FORA E COMEÇAMOS A OBSERVAR O QUE SE PASSA DENTRO DE NÓS.

02.

O IMPACTO DA SAÚDE MENTAL NA VIDA COTIDIANA

Ansiedade, depressão, conflitos nos relacionamentos, dificuldades no trabalho... Esses são apenas alguns dos problemas que surgem quando não conseguimos lidar com a mente de maneira saudável. Por isso, é importante entendermos como ela opera e de que maneira pode nos enganar para nos proteger, acionando mecanismos de defesa e nos impossibilitando de ter contato com a realidade. Ao afirmar que a mente mente, quero dizer que, às vezes, ela pode nos fazer acreditar que o que estamos vivendo é normal, que está tudo bem, quando, na verdade, estamos enfrentando um turbilhão de sentimentos e emoções.

ANSIEDADE CONSTANTE: O PESO DAS PREOCUPAÇÕES

A ansiedade é como uma nuvem que paira sobre nossa cabeça, tornando tudo mais pesado do que de fato é. Para quem sofre de ansiedade, cada problema parece um obstáculo intransponível. O simples fato de sair de casa e enfrentar o dia já é um desafio.

Para Sigmund Freud, a ansiedade serve como um sinal de perigo,[5] ou seja, ela tem a função de indicar um conflito interno não resolvido, algo em nosso inconsciente que precisa ser enfrentado. A mente nos engana, fazendo-nos acreditar que estamos protegidos ao fugir dos conflitos, mas, na verdade, ela apenas esconde a verdadeira causa ou dor, que só se agravam com o tempo.

Em geral, pessoas com ansiedade tendem a se automedicar na esperança de aliviar os sintomas. Sabemos que, muitas vezes, os

5 VIANA, M. de B. Freud e Darwin: ansiedade como sinal, uma resposta adaptativa ao perigo. **Natureza Humana**, v. 12, n. 1, p. 1-33, 1 jan. 2010.

remédios são necessários e devem ser prescritos por profissionais habilitados, mas é preciso ter o cuidado de não os utilizar como muleta, em vez de tratar a raiz do problema. Como Freud explicou, todo sentimento mal resolvido vai ser traduzido como sintoma.[6] E fugir desses sintomas só vai camuflar a verdadeira razão do desconforto e da insegurança.

DEPRESSÃO E DESMOTIVAÇÃO: O CICLO DA SOLIDÃO E DA FALTA DE PROPÓSITO

Ao contrário do que muitos pensam, a depressão não é uma simples tristeza. Ela nos tira a energia, o prazer, o ânimo para fazer até mesmo as coisas de que mais gostamos. Atividades simples, como ir ao trabalho ou sair com amigos, se tornam um fardo pesado; o que antes nos dava prazer passa a não fazer mais sentido.

Para Bert Hellinger, nossas dores emocionais têm raízes nas histórias não resolvidas dos nossos antepassados. Sentimentos como o de não pertencimento, escassez e de não ser bom o suficiente podem vir de gerações passadas, ficando gravados em nosso inconsciente. Para Hellinger, nossa vida e nossa felicidade são marcadas pela atitude que adotamos diante de nossos pais e da história de nossa família. Segundo ele, quem se sente em sintonia com a própria família pode assumir sua vida em plenitude, agradecer e tomar seu lugar, permitindo-se fazer diferente.[7]

Quando sentimos a necessidade de sermos aceitos, de encontrarmos nosso espaço no mundo, há uma tendência de buscarmos mais afazeres para nos sentirmos ocupados, além de querermos

6 *Ibidem*.

7 HELLINGER, B. **A cura**. Belo Horizonte: Atman, 2014.

ajudar a todos, utilizando desculpas como "Eu ajudo todo mundo", "Tenho muita coisa para fazer", "Todo mundo depende de mim", até que ficamos exaustos. Outras vezes, procuramos nos isolar, e essa é uma das principais características da depressão. Pessoas depressivas, muitas vezes, se escondem por trás da televisão, das séries, do celular, evitando contato real com os outros, com o mundo, com elas mesmas. Esse é um círculo vicioso que só se rompe quando decidimos, conscientemente, enfrentar as nossas emoções e analisar com honestidade o que de fato está nos incomodando e nos angustiando. Criar o hábito de conversar consigo mesmo, sem amarras ou sem pudores, trará luz à sua angústia e mostrará o caminho a seguir, sendo que, muitas vezes, será necessária a ajuda de um profissional para auxiliar nesse processo de autoconhecimento.

CONFLITOS NOS RELACIONAMENTOS: A DOR DE NÃO PERTENCER

Quando estamos emocionalmente fragilizados, qualquer relacionamento pode se tornar um campo minado de insegurança e desconfiança. O medo de não ser bom o suficiente para o outro acaba nos afastando. Começamos a achar que não merecemos amor, que não somos capazes de manter um relacionamento saudável. Isso se torna uma barreira invisível, que impede o amor e a intimidade verdadeira.

A sensação de não merecimento é uma das causas mais profundas da dificuldade em manter relações saudáveis. Para Bert Hellinger, quando não nos aceitamos como somos ou quando sentimos um vazio que não conseguimos explicar, buscamos compensar esse vazio com relações em que sentimos que nunca somos realmente amados.

O medo de ser rejeitado ou abandonado faz com que nos afastemos, criando mais dor e mais solidão.[8]

DIFICULDADES NO TRABALHO: O PESO DA FALTA DE PROPÓSITO

No trabalho, os problemas de saúde mental podem afetar profundamente a capacidade de focarmos nossas atividades, de sermos produtivos, de lidarmos com os desafios diários. Muitas vezes, o que começa como um simples desconforto se transforma em uma bola de neve, levando ao burnout, à exaustão emocional e ao afastamento do trabalho e do convívio social.

Uma pesquisa publicada na *Harvard Business Review* indica que pessoas que enfrentam problemas de saúde mental têm seu desempenho no trabalho significativamente comprometido. Quando se está lutando com a saúde mental, enfrentar um dia de trabalho pode ser muito mais difícil do que o normal.[9] A falta de concentração e o aumento do estresse prejudicam não só a produtividade, mas também a autoestima e a motivação para seguir em frente. Picos de ansiedade são desencadeados sem que você perceba o gatilho responsável.

O trabalho, que antes poderia ser uma fonte de satisfação, torna-se um peso. O que Freud chamava de "sentimento mal resolvido" no inconsciente, muitas vezes, se reflete de maneira direta nas dificuldades no trabalho. A mente mente, e nos faz acreditar que o problema está no chefe, nos colegas ou nas condições externas,

---

8 *Ibidem.*

9 BOYES, A. Make Your Workday Work for Your Mental Health. **Harvard Business Review**, 1 maio 2024. Disponível em: www.hbr.org/2024/05/make-your-workday-work-for-your-mental-health. Acesso em: 8 dez. 2024.

quando, na verdade, a raiz está em nossa relação com nós mesmos e com nossas emoções.

A VOZ DA AUTOCRÍTICA: O JULGAMENTO INTERIOR QUE MINA A AUTOESTIMA

Muitas pessoas convivem com uma voz interna que diz o tempo todo que elas não são boas o suficiente, que não merecem amor ou reconhecimento. Acabam não conseguindo confiar em ninguém, sentem-se como se estivessem sendo passadas para trás, sendo perseguidas, acham que ninguém gosta delas. Essa autocrítica constante mina a autoestima, tornando difícil reconhecer as próprias conquistas e vitórias.

Essa voz interior pode vir de experiências passadas, como críticas de pais, professores, chefes ou outras figuras de autoridade, que ficaram gravadas na nossa memória, ou de traumas infantis, que podem moldar a vida adulta, criando padrões de autossabotagem e autocrítica.

É importante perceber que essas críticas não vêm de quem realmente somos, mas de histórias do nosso passado que ainda governam nossa vida sem que percebamos. Reconhecer essas influências internas, trazê-las para a consciência sem medo e começar a questioná-las é o primeiro passo para sanar nossas feridas internas.

SINTOMAS FÍSICOS RELACIONADOS AO ESTRESSE: O CORPO TAMBÉM FALA

O estresse pode desencadear diversos sintomas físicos, que afetam o corpo de várias maneiras. Alguns desses sintomas são:

- **Dor de cabeça:** o estresse pode causar tensão nos músculos do pescoço e do couro cabeludo, levando a dores de cabeça tensionais.

- **Dores musculares:** o estresse pode provocar contrações musculares constantes, resultando em dores, especialmente na região do pescoço, ombros e costas.
- **Problemas digestivos:** o estresse pode afetar o sistema digestivo, provocando dores abdominais, indigestão, náuseas, constipação e diarreia.
- **Aumento da frequência cardíaca:** o estresse ativa o sistema nervoso simpático, o que pode levar à aceleração do ritmo cardíaco.
- **Tensão e sensação de aperto no peito:** muitas pessoas sentem um desconforto ou aperto no peito durante episódios de estresse, o que pode ser confundido com sintomas de problemas cardíacos.
- **Fadiga e cansaço extremo:** o estresse crônico pode levar ao esgotamento físico e mental, causando sensação constante de cansaço.
- **Distúrbios no sono:** o estresse pode dificultar o adormecer ou levar a um sono interrompido, resultando em insônia ou sono não reparador.
- **Sudorese excessiva:** o estresse pode ativar as glândulas sudoríparas, trazendo suor excessivo, especialmente nas palmas das mãos, axilas e rosto.
- **Tontura ou sensação de cabeça leve:** em momentos de estresse, pode ocorrer uma sensação de vertigem ou perda de equilíbrio.
- **Problemas de pele:** o estresse pode desencadear ou agravar condições de pele, como acne, eczema ou psoríase.

Todas essas manifestações são avisos do corpo, que está tentando nos alertar sobre o que está acontecendo na mente. O estresse crônico pode causar sérios danos à saúde física, e ignorá-lo pode ter consequências graves, já que a falta de autoconhecimento sobre como ele se manifesta em nosso corpo pode nos levar a uma vida de dor silenciosa e sofrimento constante.

A JORNADA DE AUTOCONHECIMENTO: OLHAR PARA DENTRO E ENFRENTAR A MENTE QUE MENTE

Enfrentar a mente que mente não é fácil. Requer coragem para olhar para dentro de si e enfrentar as feridas e os desconfortos emocionais que ainda nos afligem. Mas essa jornada é possível, e é o único modo de encontrar o verdadeiro equilíbrio. Saber a causa dos sintomas trará clareza, alívio, possibilidades de escolha e abrirá o caminho para ressignificar e transformar sua dor em força.

Como Freud e Hellinger nos mostraram neste capítulo, o primeiro passo para o equilíbrio é olhar para dentro, reconhecer nossos medos, nossas dores e nossas histórias. Quando conseguimos fazer isso, começamos a liberar a mente das mentiras que nos impedem de viver em plenitude e passamos a escolher sabendo das consequências de nossas atitudes.

A verdade é que todos nós carregamos a capacidade de nos libertar do que nos adoece. O primeiro passo é decidir que não vamos mais permitir que a mente nos engane. Ao fazer isso, temos de aprender a ouvir os nossos sentidos, trazendo para a consciência o que de fato nos incomoda. Mais do que falar para o outro, é preciso falar para si mesmo, com a coragem de olhar sem culpa para os próprios erros, medos e vergonhas.

Ao nos livrarmos das máscaras e das amarras que nos cobram a ser sempre bonzinhos ou agradar a todo mundo, tornamo-nos protagonistas da nossa história, com a convicção de que fizemos o melhor que podíamos em determinadas situações. É importante se permitir sentir sem medo de errar, de modo a fazer escolhas conscientes e viver de maneira mais saudável e equilibrada.

Exercício – Conexão com a essência

Instruções:

1. Coloque as mãos na cintura.
2. Olhe para cima, mantendo a coluna reta.
3. Inspire profundamente pelo nariz, sentindo seu abdômen subir.
4. Segure o ar por três segundos.
5. Assopre com força para cima, como se estivesse limpando camadas invisíveis de poeira sobre você.

Repetição:

Faça três ciclos completos, prestando atenção na sensação de leveza em cada exalação.

Visualização:

Imagine que, ao assoprar, você elimina a camada que estava bloqueando sua energia e sua luz, abrindo uma passagem que se conecta com a luz da sua essência, revelando uma camada pura e brilhante, que estava escondida por bloqueios emocionais.

Análise do exercício:

Essa proposta surgiu diante da minha experiência ao atender muitas pessoas, especialmente em contextos de estresse ou ansiedade, e com a tendência a terem uma respiração curta e superficial, o que impede a oxigenação adequada do cérebro e do corpo. Isso pode provocar uma sensação de cansaço, dificuldade de concentração e aumento de tensões físicas e emocionais.

Ao focar uma respiração mais profunda e controlada, como o ato de assoprar para cima, a pessoa pode estimular o aumento da oxigenação, ativando áreas do cérebro responsáveis pela clareza mental e pelo bem-estar. Esse tipo de respiração também ativa o sistema nervoso parassimpático, promovendo relaxamento e aliviando a resposta ao estresse, de modo que facilita o acesso à sua essência mais profunda e autêntica.

03.

POR QUE A MENTE NOS ENGANA?

Vivemos em um mundo competitivo, em que somos cobrados o tempo todo: temos de ser bonitos, ter dinheiro, estar na moda, ser bem-sucedidos e, claro, viver relações perfeitas e ter famílias impecáveis. Em uma era marcada pela velocidade e pela pressão constantes, temos de nos acostumar a um ritmo frenético, operando no modo automático.

Essas exigências nos cercam por todos os lados. Seja na mídia, nas redes sociais ou até mesmo nas interações cotidianas, somos bombardeados com imagens e mensagens que reforçam esses ideais quase inalcançáveis. Essa exposição contínua cria uma ilusão de perfeição, fazendo com que, muitas vezes, nos comparemos a uma realidade fabricada. E, assim, surge a sensação inquietante de que todos ao nosso redor parecem plenamente realizados e felizes, enquanto nós ficamos à margem, enfrentando dúvidas, inseguranças e desafios, que quase nunca aparecem nessas vitrines de perfeição. Passamos a acreditar que todos são felizes, menos nós. Parece que todos estão na nossa frente!

O que mais me intriga é: se há tantas pessoas bem-sucedidas e com vidas tão perfeitas, por que os transtornos de saúde mental têm aumentado tanto? Será que as pessoas estão realmente felizes ou tudo não passa de um jogo de cena?

A PRESSÃO SOCIAL E O MUNDO PERFEITO

Quantas vezes você se sentiu pressionado a seguir um padrão que não é o seu? Ao olhar as redes sociais, parece que todo mundo está levando uma vida idealizada, enquanto você está "ficando para trás". É nesse contexto que a mente começa a nos enganar. Ela cria um cenário em que não nos encaixamos, e isso gera angústia, ansiedade e até sintomas físicos. Mas o problema não está em nós, e sim no modo como a mente interpreta essas pressões externas. Já sabemos que a mente mente e que ela faz isso para nos proteger, para evitar a dor e o desconforto. Mas precisamos saber de que maneira isso acontece, para não entrarmos no ciclo da falsa percepção.

A OMS relata que a depressão é um dos distúrbios mais prevalentes no mundo, afetando mais de 300 milhões de pessoas de todas as idades. Ela é a principal causa de incapacidade e contribui de maneira significativa para a carga global de doenças.[10]

Além disso, o estresse relacionado ao trabalho e ao cotidiano, exacerbado pela sociedade moderna e pelas redes sociais, tem se tornado um problema crescente. A constante comparação com os outros gera uma sensação de não pertencimento e de inadequação, e isso se reflete em nossas emoções e comportamentos.

A ciência confirma que a ansiedade e a depressão têm raízes não só biológicas, mas também socioculturais. O sociólogo Zygmunt Bauman, com o seu conceito de "modernidade líquida", nos mostra que nada é fixo, e isso gera um estado de constante insegurança. Para o sociólogo, "o período presente está marcado por rápidas e volúveis mudanças de cunho social, cultural, econômico e pessoal".[11] Assim, a insegurança emocional, alimentada por padrões que não são nossos, resulta na sensação de que algo sempre está errado conosco.

10 ORGANIZAÇÃO PAN-AMERICANA DA SAÚDE. **Depressão**. OPAS. Disponível em: www.paho.org/pt/topicos/depressao. Acesso em: 27 mar. 2025.

11 TREVIZAN, M. B. *et al*. Ser leve e ser líquido: a "modernidade líquida" no pensamento de Zygmunt Bauman. **Synesis**, v. 15, n. 3, 2023.

A MENTE ENGANADORA: POR QUE CRIAMOS HISTÓRIAS?

Sem entender como a mente funciona, vivemos reféns de crenças limitantes e padrões de comportamento que nos fazem sentir que estamos falhando. Do ponto de vista evolutivo, sabemos que o cérebro foi programado para economizar energia e buscar soluções rápidas, como modo de nos manter vivos – isso tudo levando em conta a vida que nossos ancestrais tinham. Pensando nos dias atuais, em que estamos inseridos em um mundo que nos cobra perfeição constante, o cérebro trabalha de outra maneira: a mente nos engana criando ilusões para nos proteger, sem que tenhamos consciência disso.

Por exemplo, pensamentos como "Eu nunca vou conseguir o que desejo" ou "Nada dá certo para mim" podem ter origens em traumas ou histórias não resolvidas. Freud, o pai da psicanálise, já dizia que nossos comportamentos no presente são muito influenciados por experiências do passado que ficaram guardadas no nosso inconsciente. Ou seja, o que estamos vivendo agora pode ser uma repetição de algo que não foi resolvido.

E esse tipo de situação mal resolvida pode gerar crenças limitantes. Já se perguntou de onde vêm suas crenças? Sugiro que faça um exercício simples: pegue uma folha de papel e escreva o que você pensa de si mesmo. Agora, pergunte-se: "Esses pensamentos são meus mesmo? Ou são histórias que me contaram ao longo da vida?". Às vezes, percebemos que as crenças que carregamos não são nossas, mas de outras pessoas, como pais ou figuras de autoridade.

O mesmo ocorre com os gatilhos mentais: quando você se sente ansioso, triste ou com raiva, sugiro que se pergunte: "De onde veio essa emoção?". Tente encontrar a origem. Pode ser que o gatilho venha de algo que não foi resolvido.

ÀS VEZES, PERCEBEMOS QUE AS CRENÇAS QUE CARREGAMOS NÃO SÃO NOSSAS, MAS DE OUTRAS PESSOAS.

CASO CLÍNICO: ANGÚSTIA SEM EXPLICAÇÃO

Um caso que me marcou profundamente foi o de uma paciente que chegou ao meu consultório com uma angústia inexplicável, mesmo com tudo parecendo estar "certo" em sua vida. Ela tinha um bom emprego, relacionamentos saudáveis, e estava cercada de amigos. No entanto, todos os dias, ao entardecer, ela se sentia triste, vazia e com muita vontade de chorar, sem entender o motivo de tudo isso.

Ao passar pela psicossistêmica (uma abordagem terapêutica que trabalha com o inconsciente e que será explicada em detalhes nos próximos capítulos), conseguimos acessar uma memória da infância que explicava tudo: quando ela era criança, viu seu pai sair de casa em uma tarde, e ele nunca mais voltou. Esse evento foi tão impactante que ficou guardado em seu inconsciente. O entardecer, então, passou a ser um gatilho, um sinal de abandono, de que algo estava faltando. Sua mente, sem saber, repetia esse padrão de tristeza toda vez que começava a anoitecer.

A mente mente para nos proteger, mas, ao não resolvermos esses traumas e essas experiências, ela repete padrões de sofrimento, muitas vezes sem explicação lógica. O processo de autoconhecimento começa com a identificação desses gatilhos e com a tomada de consciência do que nos influencia negativamente.

DESAFIANDO A MENTE: O QUE PODEMOS FAZER?

Sabemos que a mente pode ser nossa aliada ou nossa maior inimiga. Mas como começar a mudar esse jogo? Aqui vão algumas dicas simples e exercícios práticos para você começar a identificar e transformar os padrões de pensamento que o limitam:

1. **Identifique os gatilhos:** tente perceber o que aciona suas emoções negativas. O que acontece quando você se sente ansioso, triste ou irritado? Isso pode lhe ajudar a entender o que está no seu inconsciente, influenciando seu comportamento.
2. **Desafie os pensamentos negativos:** quando um pensamento negativo surgir, questione-o. Pergunte-se: "Isso é mesmo verdade?" ou "O que me impede de acreditar que posso fazer diferente?". Muitas vezes, a mente cria histórias baseadas em medos do passado.
3. **Pratique a autocompaixão:** seja mais gentil consigo mesmo. Quando você errar, em vez de se criticar, diga: "Eu estou aprendendo, e está tudo bem se eu errar".
4. **Conecte-se com o presente:** a prática de mindfulness e a meditação podem ser ferramentas úteis para lhe ajudar a focar o presente e não ficar preso em pensamentos e sentimentos do passado.

Exercício de descompressão mental e corporal – Técnicas de desativação de cargas emocionais

Posicionamento inicial:

- Fique em pé, com os pés juntos, alinhados e relaxados.
- Olhe para cima e respire profundamente três vezes, preenchendo os pulmões com ar e soltando devagar. Ao expirar, imagine que está assoprando para cima, liberando tensões.
- Feche os olhos para começar a se conectar mais profundamente consigo mesmo.

Movimento de expansão:

- Levante os braços e estique-os para cima, como se estivesse se alongando ao máximo, sentindo a energia no corpo.

- Mexa a cabeça suavemente de um lado para o outro, depois para frente e para trás, relaxando o pescoço e preparando a mente.

Conexão com a respiração:

- Sinta a sua respiração fluindo. Concentre-se no seu ritmo respiratório e comece a contar regressivamente (5, 4, 3, 2, 1), permitindo-se relaxar a cada contagem.

Visualização da luz:

- Imagine uma luz intensa e brilhante atrás de você, começando no lado direito e, depois, se expandindo para o lado esquerdo.
- Essa luz vai crescendo, tornando-se maior que você, e você começa a sentir que ela traz uma sensação de força e coragem para lidar com o que o incomoda.

Liberação de cargas emocionais tóxicas:

- Visualize, agora, que você está retirando do seu corpo tudo o que lhe aflige: cansaço, inveja, palavras negativas, doenças, desamor etc.
- Realize gestos com as mãos, como se estivesse pegando essas energias e jogando-as para o chão, para que a terra as transforme em força, pois a terra tem o poder de transmutar a energia negativa em algo positivo.

Recebendo as energias positivas:

- Após sentir que está mais aliviado, respire profundamente e faça os gestos com as mãos esticadas, como se estivesse recebendo as boas energias do universo.

- Diga em voz alta: "Agora tomo só o que é meu", enquanto sente que está recebendo paz, amor, saúde, prosperidade ou qualquer outra energia que deseje atrair para sua vida.

Afirmativas de aceitação:
- Finalize o exercício dizendo: "Eu aceito, eu mereço, eu agradeço", afirmando sua conexão com o que há de melhor para você.
- Respire profundamente mais uma vez e imagine de novo a luz forte atrás de você. Conte de 1 a 5 enquanto sente a luz se intensificando, e, ao chegar no 5, diga: "Agora tomo o meu lugar com saúde física, mental, espiritual e financeira".

Encerramento:
- Respire três vezes de maneira profunda, voltando à consciência do momento presente.

Análise do exercício:
Este exercício envolve aspectos de autocuidado e conexão com a energia da terra, utilizando a respiração e a visualização como ferramentas importantes para liberar sentimentos negativos e trazer energias positivas. Os principais benefícios do exercício são:
- **Redução do estresse:** a respiração profunda e a visualização ajudam a acalmar o sistema nervoso, promovendo uma sensação de relaxamento e tranquilidade.
- **Liberação de emoções negativas:** a prática de liberação de emoções negativas, como cansaço, inveja ou rancor, ajuda a limpar a mente e o corpo, criando espaço para pensamentos e sentimentos mais positivos.

- **Aumento da autoconfiança:** ao visualizar a luz e sentir-se mais forte, você ativa sua confiança interior, o que pode ser um grande impulsionador da autoestima.
- **Conexão com a terra:** o gesto de entregar os sentimentos negativos à terra promove uma sensação de enraizamento e equilíbrio, além de simbolicamente transformar dores em aprendizados e força.
- **Recebimento de energias positivas:** a prática de receber o que é bom, afirmando que você é merecedor, ativa a lei da atração, permitindo que você se sintonize com o que deseja na vida.
- **Equilíbrio mental e emocional:** a prática regular desse exercício contribui para manter o equilíbrio mental e emocional, reduzindo os impactos do estresse e da ansiedade.
- **Melhora da saúde física e mental:** ao concluir com uma afirmação de saúde física e mental, o exercício reforça a importância de cuidar de si em todos os aspectos da vida, promovendo bem-estar.

Este exercício pode ser feito diariamente ou sempre que sentir necessidade de se reequilibrar e liberar o que lhe impede de avançar.

Exercício – Autoconhecimento: comportamentos, sentimentos e crenças limitantes

Instruções:

Responda com sinceridade a cada pergunta. Não há resposta certa ou errada, apenas um convite à reflexão.

1. Você costuma se pegar repetindo os mesmos erros ou comportamentos em diferentes situações da vida?
   ○ Sim, é algo que parece inevitável.
   ○ Às vezes, percebo que algo se repete, mas não sei o que é.
   ○ Não, não sinto que haja padrões recorrentes.
2. Como você lida com sentimentos mal resolvidos, como mágoas ou frustrações?
   ○ Evito pensar neles e finjo que não me afetam.
   ○ Tento lidar com esses sentimentos, mas às vezes não consigo entender a origem deles.
   ○ Tento enfrentá-los diretamente e trabalhar minha emoção de maneira consciente.
3. Quais são os pensamentos mais recorrentes que você tem sobre si mesmo?
   ○ Eu não sou capaz.
   ○ Eu sou capaz, mas às vezes duvido de mim.
   ○ Eu me sinto merecedor e capaz de conquistar o que quero.
4. Quando você se depara com um obstáculo, o que costuma sentir?
   ○ Medo de fracassar, e isso me paralisa.
   ○ Frustração, mas tento superar, mesmo com dificuldade.
   ○ Confiança de que posso encontrar uma solução e superar.
5. Você percebe algum padrão familiar (como atitudes dos pais, avós etc.) que influencia suas decisões ou comportamentos?
   ○ Sim, sinto que repito padrões, mesmo sem querer, que vi em minha família.
   ○ Às vezes percebo, mas não sei exatamente como isso afeta minha vida.
   ○ Não, minha família sempre me incentivou a pensar de maneira diferente e independente.

6. Como você se sente em relação ao dinheiro e à abundância?
   ○ Sinto que é difícil conquistar e sempre há uma sensação de escassez.
   ○ Acredito que posso conquistar, mas às vezes fico ansioso ou preocupado com isso.
   ○ Sinto-me confiante e em paz com minha relação com o dinheiro e a abundância.
7. Quando você se sente ansioso ou inseguro, o que costuma fazer?
   ○ Fico paralisado e não consigo tomar decisões.
   ○ Tento racionalizar o medo, mas às vezes ele me impede de agir.
   ○ Tento respirar, manter a calma e seguir em frente, mesmo inseguro.
8. Em momentos de conflito, você tende a:
   ○ Evitar a situação ou confrontos com os outros, mesmo que isso me machuque.
   ○ Falar sobre o que me incomoda, mas com receio de machucar os outros.
   ○ Abordar a situação de maneira calma e precisa, tentando resolver o conflito.

Análise do exercício:
Esse exercício foi criado para ajudá-lo a identificar padrões, sentimentos mal resolvidos e crenças limitantes que podem estar criando bloqueios em sua vida. Ao refletir sobre o que respondeu, perceba que não há respostas certas ou erradas, mas um convite para olhar com mais profundidade para sua realidade interna. Com base no que você respondeu anteriormente, eu o convido a refletir sobre alguns pontos:

- **Comportamentos repetitivos e padrões:** se você percebe que repete comportamentos ou escolhas, isso pode ser um sinal de padrões inconscientes sendo repetidos. Tomando consciência deles, você pode começar a transformá-los e fazer escolhas mais alinhadas com o seu verdadeiro eu.

- **Sentimentos mal resolvidos:** quando evitamos ou ignoramos sentimentos, como mágoas e frustrações, essas emoções podem se manifestar como bloqueios emocionais ou até sintomas físicos. Enfrentar e aceitar essas emoções é fundamental para liberar a dor e permitir o crescimento.
- **Crenças limitantes:** se você percebe pensamentos recorrentes como "não sou capaz" ou "não mereço", isso pode estar relacionado a crenças limitantes que sabotam seu progresso. Desafiar essas crenças e substituí-las por pensamentos mais positivos é essencial para alcançar seu pleno potencial.
- **Dinâmicas familiares:** muitas vezes, repetimos padrões familiares sem perceber, o que pode afetar nossas escolhas e nosso modo de ver o mundo. Identificar essas influências e escolher conscientemente como reagir a elas pode ser um passo importante para romper com ciclos negativos e criar um novo caminho.
- **Relação com o dinheiro e a abundância:** se você sente escassez ou dificuldade em conquistar o que deseja, isso pode ser um reflexo de crenças limitantes sobre dinheiro. Trabalhar para mudar essas crenças pode ajudar a melhorar sua relação com a abundância e permitir que você atraia mais prosperidade.

Lembre-se de que o autoconhecimento é um processo contínuo. Com dedicação, é possível identificar e liberar bloqueios internos, reprogramar crenças limitantes e criar a vida que você realmente deseja. Use essas reflexões para começar a transformar sua realidade e seguir em direção aos seus objetivos com mais clareza e confiança.

O AUTOCONHECIMENTO É UM PROCESSO CONTÍNUO.

04.

RELACIONAMENTOS SAUDÁVEIS – A ARTE DA CONEXÃO PROFUNDA

Você já parou para pensar que cada relacionamento, seja com parceiros, seja com amigos ou familiares, é um reflexo do sistema ao qual pertencemos? Quando compreendemos que somos parte de algo maior, como nossa família, nossos círculos sociais e até nossos antepassados, começamos a entender a verdadeira dinâmica que rege nossas relações. Como um delicado fio de lã, tudo está interligado. E é com base nessa visão sistêmica que podemos construir relacionamentos mais saudáveis, mais profundos e, acima de tudo, mais conscientes.

Este capítulo vai guiá-lo por um caminho de autoconhecimento, explorando de que modo as pequenas mudanças em nossos comportamentos podem transformar profundamente a maneira como nos relacionamos com o outro. Falarei sobre as três leis do amor, de Bert Hellinger, e como elas podem nos ajudar a corrigir distúrbios no sistema familiar e social.

Também abordarei algo igualmente importante: a sexualidade e a intimidade. Como podemos reintegrar o prazer de estar juntos? Como podemos fazer de gestos simples, como um toque nas mãos, um olhar nos olhos e um beijo na boca, uma ponte para uma conexão mais profunda?

Prepare-se para olhar para seus relacionamentos com novos olhos. Vamos começar?

AS TRÊS LEIS DO AMOR, DE BERT HELLINGER

Bert Hellinger identificou, em seus estudos, três leis fundamentais que regem os relacionamentos humanos, conhecidas como "leis do amor": a lei da hierarquia, a lei do pertencimento e a lei do equilíbrio.[12] Compreendê-las é essencial para manter a dinâmica adequada nos sistemas familiares, profissionais e nos relacionamentos de modo geral.

Lei da hierarquia

A lei da hierarquia determina que existe uma ordem de precedência baseada na ordem de chegada ao sistema. Aqueles que chegaram primeiro, como os pais em relação aos filhos, têm precedência. Respeitar essa ordem é fundamental para o equilíbrio do sistema. Assim, quando filhos assumem responsabilidades que caberiam aos pais ou desrespeitam sua autoridade, ocorre uma inversão de papéis que pode levar a conflitos e desequilíbrios. Reconhecer e honrar a posição de cada membro na hierarquia familiar possibilita a cada um ocupar o seu lugar, promovendo a ordem e o fluxo saudável de amor no sistema.

Lei do pertencimento

Essa lei estabelece que todos os membros de um sistema familiar têm o direito de pertencer a ele, independentemente de comportamentos ou eventos passados. Em seus estudos, Hellinger observou que o sistema familiar funciona como um inconsciente coletivo, e isso garante o pertencimento de todos nesse grupo.

A exclusão de qualquer membro pode gerar desequilíbrios que afetam o sistema como um todo. Desse modo, filhos que morreram precocemente ou foram abortados podem ser esquecidos ou não mencionados pela família, mas sua exclusão pode causar tensões e dificuldades nas gerações subsequentes. Reconhecer e

---

12 HELLINGER, B. **Ordens do amor**: um guia para o trabalho com constelações familiares. São Paulo: Cultrix, 2003.

incluir todos os membros, mesmo aqueles que tiveram participações breves ou difíceis na história familiar, é fundamental para restaurar a harmonia.

Lei do equilíbrio

Essa lei refere-se à necessidade de equilíbrio entre o dar e o receber nas relações humanas. Em relacionamentos saudáveis, existe uma troca equilibrada, em que ambas as partes contribuem e recebem de maneira justa. Quando uma pessoa dá mais do que recebe, ou vice-versa, cria-se um desequilíbrio que pode levar a sentimentos de dívida ou a ressentimentos. Por exemplo, no relacionamento de um casal, se um parceiro constantemente dá mais do que o outro pode retribuir, o equilíbrio é rompido, podendo resultar em tensões ou até mesmo no término da relação. É importante que as trocas sejam equilibradas para manter a harmonia e a satisfação mútua.

***

Com essa breve explicação das leis do amor, podemos entender melhor que há determinadas regras a serem respeitadas nas dinâmicas dos relacionamentos, os quais ficam desequilibrados quando elas não são seguidas. Vamos, então, entender um pouco melhor como cada uma dessas regras podem afetar nossos sistemas familiares.

PAPÉIS TROCADOS: O JOGO INVISÍVEL DO SISTEMA FAMILIAR

Imagine que você é um ator prestes a subir ao palco para encenar uma peça. Você estudou o roteiro, conhece bem o seu personagem e está pronto para desempenhar seu papel. No entanto, ao pisar no palco, percebe algo estranho: você não está na posição que deveria ocupar. Parece que, de alguma maneira, assumiu o lugar de outro personagem. O enredo se confunde, os diálogos não fluem como deveriam, e a história perde a coerência.

Essa mesma dinâmica pode ocorrer em nossas relações familiares e sociais. Sem perceber, podemos ocupar lugares que não nos pertencem no sistema do qual fazemos parte. Às vezes, assumimos o papel de "cuidadores", quando, na verdade, deveríamos ser cuidados. Em outras ocasiões, nos tornamos o "salvador" de alguém que precisa aprender a salvar a si mesmo. Gosto de citar o caso de uma paciente que atendi: ela tinha síndrome do pânico e me procurou porque precisava de ajuda. Ao analisar as dinâmicas familiares que compunham seu sistema, vi que ela era filha única e acabou assumindo o papel de cuidadora da mãe. A síndrome do pânico vinha do fato de que ela tinha medo de cuidar sozinha da mãe, cujo temperamento era bem difícil. Ela precisou compreender que os papéis estavam trocados e que ela não precisava encarregar-se sozinha da mãe; poderia contar com a ajuda de um cuidador, por exemplo. Ao assumir seu papel como filha, ela conseguiu tratar a síndrome do pânico, e a relação entre as duas melhorou.

Essas inversões de papéis geram um desequilíbrio profundo e muitas vezes invisível. Nos sistemas familiares, esse fenômeno ocorre com frequência. Sem consciência, carregamos pesos que não são nossos, repetimos padrões herdados e tentamos compensar vazios que existiam antes mesmo do nosso nascimento. O sistema, na tentativa de restaurar algo interrompido no passado, coloca-nos em posições que, por lealdade inconsciente, aceitamos ocupar, como modo de honrar nossos antepassados.

No entanto, quando tomamos consciência dessas dinâmicas, podemos iniciar o movimento para devolver cada um ao seu devido lugar. Este é um dos princípios fundamentais das constelações sistêmicas: a ordem no sistema. Respeitar a hierarquia familiar, reconhecer quem veio antes, honrar os papéis que nos cabem e soltar aqueles que não nos pertencem são passos essenciais para restaurar o equilíbrio.

Quando compreendemos essa dinâmica e fazemos os ajustes necessários, nossos relacionamentos se tornam mais leves. Respeitar o lugar de cada um no sistema é essencial para um relacionamento saudável. Não podemos ser responsáveis pelo que não é nosso. Um exemplo clássico de desrespeito ao sistema do outro é quando a mulher quer ocupar o sistema do marido, enxergando a sogra como mãe. Quem precisa cuidar do sistema do marido é ele mesmo, não a esposa. Note: é importante estarmos sempre atentos e nos questionarmos se estamos, de fato, ocupando os lugares adequados em nosso sistema familiar.

SEM PERMISSÃO PARA SER AMADO: LIBERTE-SE DAS CORRENTES INVISÍVEIS

Quantas vezes, sem perceber, nos encontramos em situações em que o amor parece inatingível, distante ou até mesmo indesejável? Pode ser que, em algum momento da vida, tenhamos aprendido, consciente ou inconscientemente, que o amor precisa ser conquistado de maneira árdua, que não somos dignos dele ou que amar traz sempre o risco da perda.

Essas crenças e bloqueios emocionais não surgem do nada. Muitas vezes, são heranças silenciosas do nosso sistema familiar. Talvez tenha havido nele histórias de rejeição e abandono. Como forma de lealdade inconsciente, podemos carregar essas dores, repetindo padrões que nos afastam da capacidade de dar e receber amor ou de tomar o que é nosso.

RESPEITAR O LUGAR DE CADA UM NO SISTEMA É ESSENCIAL PARA UM RELACIONAMENTO SAUDÁVEL.

Esses bloqueios atuam como correntes invisíveis, prendendo-nos a dinâmicas de escassez afetiva. Podemos sabotar relações, atrair parceiros emocionalmente indisponíveis ou, sem perceber, criar barreiras que nos impedem de permitir a entrada do amor em nossa vida. E, ao fazer isso, perpetuamos um ciclo que, muitas vezes, não começou em nós.

Quando não temos consciência desse processo, acabamos caindo em armadilhas e nos tornamos dependentes emocionais. Veja bem: dependência emocional é diferente de amor. O amor liberta e pressupõe presença e cumplicidade; já a dependência emocional sufoca, aprisiona e adoece.

Ao olharmos para essas dinâmicas com consciência e amorosidade, é possível começar um novo movimento. Podemos reconhecer a origem da dependência emocional, devolver aos nossos ancestrais o que pertence a eles e, com respeito e gratidão, escolher um caminho diferente.

Exercício prático

Reserve um tempo para refletir sobre suas experiências passadas. Pergunte-se:

- Quando e onde aprendi que não mereço ser amado?
- O que preciso liberar dentro de mim para permitir que o amor entre em minha vida sem resistências?

AMOR CEGO: QUEBRANDO OS PADRÕES QUE REPETEM O PASSADO

Você já percebeu como certos padrões de comportamento, em especial nos relacionamentos, parecem se repetir de geração em geração, quase como se houvesse um fio invisível conectando as histórias do passado ao presente? Muitas vezes, sem perceber, somos atraídos para relações afetivas que refletem as mesmas dores e desfechos que marcaram nossos familiares.

Esse fenômeno é o que chamamos de amor cego, pois representa a lealdade inconsciente que temos ao nosso sistema familiar e que nos mantém presos a ciclos repetitivos. Assim, podemos nos envolver em relacionamentos que carregam padrões de abandono, dependência, rejeição ou sofrimento, sem compreender exatamente o motivo – mas o cerne da questão estará no amor cego.

O amor cego não questiona, não distingue o que é saudável do que é destrutivo; ele apenas segue o que já foi estabelecido no sistema. Assim, nos tornamos protagonistas de histórias que não são verdadeiramente nossas, mas que sentimos a necessidade de reviver, na tentativa inconsciente de pertencer ou de reparar algo que ficou mal resolvido no passado.

No entanto, há um caminho para a transformação. O primeiro passo para interromper esse ciclo é reconhecê-lo. Ao tomarmos consciência do padrão, começamos a recuperar o nosso poder de escolha. Quando olhamos para nossos relacionamentos com clareza, sem as lentes do passado, podemos escolher de maneira mais consciente como queremos viver daqui para a frente.

Está na hora de escrever um novo capítulo da sua história!

Exercício – Estou repetindo padrões?

Reflita sobre os seus relacionamentos passados e pergunte-se:

- Há algum padrão que tenho repetido em minha vida?
- Que padrões familiares ou comportamentais preciso romper para construir uma nova história de amor?
- Eu me permito amar e ser amado?
- Eu me vejo sendo amado?

A BUSCA PELA PERFEIÇÃO: ACEITAÇÃO E AMOR REAL

Quantas vezes você se pegou exigindo que o outro fosse perfeito? Ou talvez tenha esperado que seu relacionamento fosse livre de falhas, de conflitos e de imperfeições? A busca pela perfeição no amor pode se tornar um grande obstáculo, pois nos distancia da realidade e nos impede de enxergar a beleza e a verdade que residem na imperfeição.

Por meio da visão sistêmica, entendemos que cada um de nós carrega uma história única, moldada por experiências, aprendizados e, sobretudo, pelas dinâmicas do sistema familiar ao qual pertencemos. Quando exigimos que o outro seja perfeito, muitas vezes não percebemos que estamos projetando nele nossas carências, expectativas não atendidas ou dores não resolvidas. Podemos estar, inconscientemente, buscando no outro o que sentimos estar faltando em nossa infância, na relação com nossos pais ou em vínculos anteriores. Um conceito que explica muito bem essa busca pela perfeição é o "Complexo de Cinderela", abordado pela escritora e terapeuta Colette Dowling,[13] e que se refere ao medo inconsciente da independência que algumas mulheres podem ter, levando-as a buscar, mesmo que de maneira inconsciente, um "salvador" (geralmente um parceiro do sexo masculino) para cuidar delas nos âmbitos emocional e financeiro.

Cabe lembrar que o amor real não se constrói na ausência de desafios, mas na capacidade de olhar para o outro como ele é, com suas luzes e sombras, sem a necessidade de encaixá-lo em um ideal inatingível. Em vez de buscar um amor perfeito, podemos escolher um amor que reconhece as falhas, acolhe as diferenças e compreende

13 DOWLING, C. **Complexo de Cinderela**: desvendando o medo inconsciente da independência feminina. São Paulo: Melhoramentos, 2022.

as dificuldades do outro. Nas constelações, aprendemos que todo relacionamento se fortalece quando há um equilíbrio entre dar e receber, quando cada um ocupa seu lugar sem exigir que o outro preencha vazios que não são dele. Ao abrir mão da perfeição, permitimos que o amor se torne mais leve. Vemos o outro como ele é, sem ilusões, pois é na aceitação do real que o amor verdadeiro pode florescer.

Exercício – Análise do meu relacionamento

Pergunte-se:

- Estou buscando a perfeição nos meus relacionamentos?
- O que aconteceria se eu aceitasse as imperfeições do outro e as minhas?
- Como posso cultivar a gratidão pelas qualidades reais que o outro traz para o relacionamento?
- Como era o meu relacionamento no início?
- O que mudou no meu relacionamento?
- Durante quanto tempo o meu relacionamento deu certo?
- Que lembranças boas eu tenho do meu relacionamento?
- O que aprendi nos meus relacionamentos?
- Quais são as minhas expectativas no meu relacionamento atual?

SEXUALIDADE: MAIS DO QUE SEXO, É CONEXÃO

Agora, vamos mergulhar em um aspecto fundamental de qualquer relacionamento: a sexualidade. Ela não é apenas um ato físico; é uma expressão profunda de quem somos, um espaço para vulnerabilidade, prazer e conexão. A verdadeira intimidade transcende o ato sexual. Ela se manifesta nos pequenos gestos do cotidiano: no olhar atento, no toque suave, no abraço que acolhe, na presença silenciosa que diz mais do que palavras. Muitas vezes, esses gestos são mais íntimos do que o próprio ato sexual, pois revelam uma presença autêntica, um compromisso emocional que sustenta o vínculo entre duas pessoas.

Entre as manifestações de intimidade, destaco o beijo na boca, que ocupa um lugar especial. Mais do que um gesto romântico, o beijo é um símbolo profundo de entrega e conexão. Ele requer presença total, pois, ao beijar, estamos inteiramente ali, focados no momento e no outro. Ao contrário do ato sexual, que pode, em algumas circunstâncias, ocorrer sem um envolvimento emocional pleno, o beijo genuíno não mente, pois ele revela a sintonia entre os parceiros, a verdadeira conexão e entrega.

Exercício – Retornando à sensibilidade e à conexão

- Experimente redescobrir os sentidos em sua relação. Dê-se permissão para sentir o toque, o cheiro, o olhar do outro. Volte a observar mais do que falar. Retome o ato de abraçar. O simples gesto de caminhar de mãos dadas ou de olhar nos olhos do outro pode reacender a intimidade.
- Olhe nos olhos do seu parceiro ou parceira por um momento, sem pressa. Deixe que o olhar se torne uma conversa sem palavras.
- Toque com carinho: um abraço, um afago, um toque nas costas podem dizer muito mais do que palavras.
- Sinta o cheiro do outro durante um abraço. O olfato é um sentido que nos conecta profundamente.
- Sente-se de frente para o seu parceiro. Escolha uma música que conecte um ao outro. Sinta a música e depois ouça do outro o que ele sentiu.

O VALOR DO BEIJO NA BOCA

O beijo na boca não é apenas um gesto romântico; ele é uma ponte invisível que liga emoções, histórias e sentimentos do casal. Quando beijamos, o corpo libera algumas substâncias como ocitocina (conhecida como "o hormônio do amor"), dopamina (que traz prazer) e endorfinas (que reduzem o estresse).[14] Isso significa que um beijo tem o poder de nos fazer sentir mais conectados, felizes e seguros na relação.

Casais que param de se beijar frequentemente começam a se distanciar sem perceber. O beijo é um dos primeiros sinais da intimidade e, quando ele desaparece, a conexão emocional também pode estar enfraquecendo. Muitos casais ainda convivem, compartilham a rotina, mas já não se olham nos olhos durante um beijo, não sentem mais a mesma presença um do outro.

É importante refletir:

- Estou beijando a boca do meu parceiro ou parceira?
- Se não estou, por que isso está acontecendo? O que mudou?
- O que posso fazer hoje para resgatar esse gesto tão simples, mas tão importante?

O beijo é um reflexo do relacionamento. Quando ele se torna raro ou sem amor, pode ser um sinal de que a conexão do casal precisa de atenção. Mas a boa notícia é que o beijo também pode ser o começo da reconexão. Pequenos gestos diários fazem toda a diferença para manter a chama acesa e construir uma relação mais profunda e saudável.

---

14 MONTEIRO, F. O beijo: um mergulho na complexidade do gesto mais íntimo. **Gov.Br**, 12 abr. 2024. Disponível em: www.gov.br/ebserh/pt-br/comunicacao/noticias/o-beijo-um-mergulho-na-complexidade-do-gesto-mais-intimo. Acesso em: 27 mar. 2025.

O PODER DA PRESENÇA

Com tudo o que foi dito aqui, é possível perceber que construir relacionamentos saudáveis é, na verdade, um exercício de presença e de conexão. Quando estamos totalmente presentes no momento, seja em um beijo, seja em uma conversa ou em um gesto simples, criamos laços que vão além das palavras e das expectativas. No fim, um relacionamento saudável não é aquele sem falhas, mas aquele em que a conexão, o amor e a cumplicidade se tornam a base para tudo o que é vivido juntos.

Lembre-se: você tem o poder de transformar seus relacionamentos. Tudo começa com a sua presença, com a sua disposição para sentir, para ver, para tocar, para viver cada momento com quem está ao seu lado. Quando você se permite essa entrega, cria uma intimidade que transcende qualquer limite.

Para isso, no entanto, você precisa se questionar algo importante: você se ama? Afinal, só consegue amar o outro quem ama a si mesmo. Quando nos amamos, somos capazes de dar amor e estabelecer cumplicidade com o outro.

Exercício – Libertando-se da dependência emocional e construindo conexões autênticas

Objetivo:

Este exercício ajuda a reconhecer padrões de dependência emocional, fortalecer a autonomia e desenvolver relacionamentos saudáveis e equilibrados.

Passo 1: identificando a raiz da dependência

Responda, com sinceridade, às perguntas a seguir. Se quiser, pode anotar suas respostas em uma folha de papel.

- Quando me sinto sozinho ou inseguro, qual é minha primeira reação?
- Tenho medo de ser abandonado ou rejeitado? Se sim, de onde acredito que vem esse medo?
- Em que momentos sinto que dependo do outro em excesso para me sentir bem?
- Sinto-me suficientemente bom para o meu parceiro ou parceira?

A resposta a essas perguntas começa a revelar se há um padrão de dependência emocional enraizado em sua história.

Passo 2: reconhecendo o ciclo

Feche os olhos, respire profundamente e visualize um relacionamento em que você se sente emocionalmente dependente. Pergunte-se:

- O que eu espero dessa pessoa?
- Essa necessidade é algo que eu mesmo poderia suprir?
- Se essa pessoa não estivesse presente, como eu poderia preencher esse espaço sem sofrimento?

Essa reflexão ajudará a perceber que, muitas vezes, projetamos no outro algo que precisamos desenvolver em nós mesmos.

Passo 3: reencontro com a própria essência

Agora, escreva em uma folha:

- Cinco qualidades suas que independem de qualquer pessoa.
- Três momentos em que você superou desafios sozinho.
- Uma decisão que você pode tomar hoje para fortalecer sua autonomia emocional.

Leia suas respostas em voz alta e sinta o poder que já existe dentro de você.

Passo 4: criando novos caminhos

Escolha uma ação prática para se tornar mais independente emocionalmente. Pode ser:

- Passar um tempo sozinho sem sentir culpa.
- Praticar o autocuidado sem esperar validação externa.
- Estabelecer limites saudáveis nos seus relacionamentos.

Cada pequeno passo fortalece sua conexão consigo mesmo, abrindo espaço para relacionamentos baseados em amor, e não em necessidade.

Lembre-se: você não precisa do outro para ser completo. Relacionamentos saudáveis são feitos de dois seres inteiros que escolhem caminhar juntos, não de metades que se completam.

05.

ESTABELECENDO LIMITES NO COTIDIANO FAMILIAR E PROFISSIONAL

Como profissional da área da saúde mental, atendo pacientes com as mais variadas experiências e histórias de vida. A vivência com as situações cotidianas deles me mostrou que a junção de várias teorias e metodologias possibilita uma abordagem única para a resolução de problemas emocionais e comportamentais. Cada uma dessas técnicas atua em um nível diferente da mente humana, proporcionando uma compreensão holística e ressignificando os problemas e desafios enfrentados.

A psicanálise é eficaz na exploração dos segredos do subconsciente, auxiliando na descoberta dos padrões que influenciam nossas escolhas, comportamentos e atitudes, já que, muitas vezes, não temos plena consciência desses padrões. Essa abordagem nos convida a conhecer nossas camadas psicológicas mais profundas, trazendo à tona conteúdos reprimidos, que moldam o modo como vivemos e interagimos com o mundo.

A visão sistêmica, por sua vez, oferece uma visão completa das dinâmicas familiares e transgeracionais. Essa abordagem possibilita a identificação de eventos, crenças e padrões herdados ao longo das gerações e que impactam o presente, trazendo conexões que nem sempre são óbvias, mas que influenciam nossas relações e identidades.

E a hipnoterapia é uma ferramenta altamente eficaz e transformadora, capaz de promover mudanças rápidas em padrões de comportamento. Essa prática atua no acesso a memórias e traumas profundamente enraizados, pois, ao mobilizar recursos internos, facilita os processos de libertação e transformação do indivíduo.

O MÉTODO PSICOSSISTÊMICO

Como foi demonstrado, diversos métodos, filosofias e terapias podem ser utilizados na resolução de problemas emocionais, e pude constatar isso nos vários atendimentos, palestras e cursos que realizei em empresas nos últimos anos. Essa experiência bem-sucedida me forneceu as bases para a criação do método psicossistêmico, que alia essas abordagens para ajudar os indivíduos a identificar e transformar padrões prejudiciais, reconhecer as próprias emoções e construir uma mentalidade mais saudável e positiva.

Essas abordagens são aplicadas por meio de exercícios práticos, que podem ser realizados diariamente, e de ferramentas para o autoconhecimento, possibilitando ao indivíduo se libertar de traumas, crenças limitantes e hábitos destrutivos. Com essas técnicas, é possível: compreender os mecanismos de defesa e os sentimentos mal resolvidos que se traduzem em sintomas físicos e emocionais; identificar e alterar os padrões familiares que afetam nossas escolhas e nossos comportamentos; e reprogramar esses padrões, substituindo crenças limitantes por pensamentos e ações mais saudáveis.

Para ilustrar isso, trago um exemplo prático: certa vez, atendi em meu consultório um empresário que tinha dificuldade de fazer seu negócio prosperar por conta de uma sensação constante de fracasso e de frustração. Ele se sentia preso a um ciclo de imobilidade e, apesar de seus esforços e dedicação, algo invisível parecia bloquear seu caminho, minando suas conquistas e alimentando um sentimento crescente de impotência.

Ao buscar ajuda, uma análise mais profunda de sua história revelou raízes que iam além de suas escolhas conscientes: um padrão familiar de escassez e culpa, transmitido de geração em geração, estava influenciando suas atitudes e decisões. Esse emaranhado emocional, presente em seu sistema familiar, criava um conflito interno que o impedia de aceitar plenamente o sucesso e se sentir merecedor das recompensas de seu trabalho.

Para quebrar esse ciclo, ele optou por uma abordagem integrada: explorou as origens emocionais de seus comportamentos, descobrindo crenças e medos inconscientes que condicionavam sua relação com o trabalho e o sucesso, e compreendeu de que maneira as dinâmicas familiares e transgeracionais o afetavam, revelando padrões sutis que reforçavam suas dificuldades atuais. Por fim, ele acessou camadas mais profundas de sua mente e reprogramou crenças limitantes, promovendo uma transformação em sua perspectiva de vida e em seu comportamento.

Esse processo possibilitou ao empresário ressignificar seu passado, capacitando-o a adotar uma postura mais efetiva e confiante em sua vida profissional. Livre do peso emocional que carregava, ele começou a tomar decisões alinhadas à sua verdadeira capacidade, rompendo definitivamente o ciclo de fracasso e abrindo espaço para uma trajetória de realizações e prosperidade.

Ao aplicar essas ferramentas, as pessoas podem alcançar uma compreensão profunda de si mesmas e transformar a própria vida de modo duradouro.

A VISÃO PSICOSSISTÊMICA: TUDO ESTÁ INTERLIGADO

A visão psicossistêmica nos permite perceber que somos parte de um todo, uma rede de relações interconectadas, e que tudo o que acontece em nossa vida está, de algum modo, ligado ao sistema do qual fazemos parte. Seja na família, seja no ambiente profissional ou em qualquer outro espaço de interação humana, a maneira como nos comportamos, reagimos e nos relacionamos está profundamente influenciada pelos sistemas aos quais pertencemos. Esse entendimento traz uma importante ferramenta para a construção de relacionamentos saudáveis, promovendo o equilíbrio e o bem-estar emocional em todos os aspectos da vida.

Essa teoria nos ensina que os sistemas são compostos de partes que interagem entre si. No contexto familiar, por exemplo, cada membro da família não é um ente isolado, mas sim uma parte de um sistema maior, que é a família como um todo. O comportamento de um indivíduo pode afetar todos os outros, e o que acontece com um membro reverbera nos demais.

No ambiente profissional, esse conceito também se aplica. Todos os colaboradores, líderes e processos estão interconectados. O comportamento de um funcionário pode influenciar a dinâmica de toda a equipe, assim como uma mudança na cultura organizacional afeta o modo como todos interagem e colaboram. Tudo é sistêmico.

Esse entendimento de que somos parte de algo maior é essencial para estabelecer limites saudáveis. Sem ele, muitas vezes podemos nos perder nas expectativas dos outros ou absorver responsabilidades que não são nossas, o que prejudica nosso equilíbrio emocional e nosso bem-estar.

O estabelecimento de limites é uma prática essencial para preservar nossa saúde mental e emocional, especialmente em sistemas em que as demandas externas parecem não ter fim. Em uma família, podemos nos ver sobrecarregados ao tentar atender às expectativas de nossos pais, filhos ou cônjuges. Já no trabalho, nossos colegas ou superiores podem exigir demais de nós.

Limites não são muros que criamos para nos distanciar dos outros, mas sim fronteiras que nos permitem manter o respeito, a saúde emocional e o equilíbrio necessário para viver de maneira autêntica. Quando estabelecemos limites saudáveis, estamos cuidando de nós mesmos, protegendo nosso espaço e, ao mesmo tempo, respeitando o espaço dos outros.

No contexto familiar, por exemplo, muitos de nós crescem com a ideia de que devemos fazer tudo pelos outros para sermos amados ou aceitos. Isso pode gerar um padrão de comportamento em que colocamos as necessidades alheias acima das nossas, o que nos leva à exaustão emocional e a sentimentos de frustração. A visão sistêmica nos ensina que, ao estabelecer limites claros com familiares, estamos também permitindo que cada membro da família assuma sua responsabilidade e encontre seu caminho de crescimento.

Nesse contexto, muitos filhos carregam os fardos dos pais, tentando resolver problemas que não são seus, em um esforço inconsciente de "libertar" os pais ou trazer equilíbrio à família. Porém, isso pode resultar em sobrecarga emocional e sentimentos de inadequação e frustração, já que esses filhos estão ocupando um espaço que não é seu, desestabilizando todo o sistema familiar.

E, quando nos voltamos ao ambiente profissional, a falta de limites pode provocar desequilíbrio, levando ao burnout e à perda de identidade. Reconhecer que somos parte de um sistema maior e que a nossa saúde emocional é fundamental para o bom funcionamento desse sistema é um passo importante para construir limites saudáveis no ambiente de trabalho.

Assim, precisamos entender que cada indivíduo tem a própria jornada de crescimento. Quando estabelecemos limites claros e saudáveis, estamos permitindo que tanto nós quanto nossos familiares possamos assumir nossas responsabilidades e aprender com nossas experiências, sem carregar fardos que não nos pertencem.

TODA TRIBULAÇÃO É UMA OPORTUNIDADE: A DOENÇA COMO MENSAGEM

A visão psicossistêmica nos alerta que toda tribulação é uma oportunidade de aprendizado. Isso pode ser um conceito difícil de compreender, especialmente quando enfrentamos momentos dolorosos, como doenças, perdas ou dificuldades. Mas essa visão nos revela que as experiências desafiadoras podem, na verdade, ser catalisadores para o crescimento e a transformação pessoal.

De acordo com a perspectiva psicossistêmica, toda doença é uma oportunidade de crescimento, o que significa que o corpo, a mente e o espírito estão tentando nos comunicar algo. Uma doença pode ser um sinal de que algo no sistema está desajustado, que estamos carregando um fardo emocional que precisa ser liberado. Quando compreendemos que a dor ou o mal-estar físico trazem uma mensagem para nós, podemos começar a olhar para isso como uma oportunidade de aprendizado, em vez de apenas como algo a ser combatido ou evitado.

Se estivermos atentos a essas mensagens e tivermos a coragem de olhar para o que está além da superfície, poderemos encontrar as soluções e os caminhos para a nossa verdadeira cura, seja ela emocional, seja ela física.

Como aplicar a visão psicossistêmica no cotidiano

- **Pratique a consciência dos seus limites:** pergunte a si mesmo: "Quais são meus limites e por que estou tendo dificuldade para mantê-los?". Observe suas reações e seus sentimentos em diferentes situações, tanto em casa quanto no trabalho, e reconheça onde seus limites estão sendo invadidos.

- **Comunique-se de modo claro e respeitoso:** aprenda a expressar seus sentimentos e suas necessidades de maneira efetiva. Seja honesto, sem culpa, e esteja preparado para ouvir os outros sem julgamento.
- **Cuide do seu bem-estar emocional:** entenda que, ao estabelecer limites, você está cuidando da sua saúde emocional e criando espaço para o equilíbrio. Não sinta culpa por priorizar seu bem-estar.
- **Aceite que a cura vem por meio da dor e do crescimento:** quando confrontado com dificuldades ou doenças, procure entender o que elas estão tentando lhe ensinar. Pergunte-se: "O que posso aprender com isso? Como isso pode contribuir para o meu crescimento?".

Exercícios – Análise de si mesmo

1. O que não é meu?

Muitas vezes, assumimos medos, culpas e responsabilidades que vêm da nossa família ou de relações passadas. O primeiro passo para o equilíbrio é reconhecer o que não nos pertence e devolver energeticamente.

Reflita:

- Você está carregando emoções, expectativas ou dores que não pertencem a você?
- Essa dor ou peso que você sente é realmente seu? [Se sentir que vem de outra pessoa – pais, avós, parceiro(a) –, imagine-se devolvendo esse peso com respeito e gratidão.]

2. Que padrão está se repetindo?

O que se repete tem uma origem. Pode ser um padrão aprendido na infância, uma lealdade inconsciente à família ou uma programação emocional não resolvida.

Reflita:

- Que situações da sua vida se repetem como um ciclo?
- Pense em três situações difíceis por que você passa e veja se há um padrão nelas. Pergunte-se: "O que essa repetição quer me ensinar?".

3. Qual é o meu lugar?

Muitas vezes, tentamos ser "pais dos nossos pais", carregar problemas que não nos cabem, ou até nos diminuímos para caber nas expectativas do outro. Isso gera desequilíbrio emocional.

Reflita:

- Você está ocupando um lugar que não é seu em seus relacionamentos?
- Feche os olhos e visualize sua família, seu trabalho ou seu relacionamento. Imagine-se no seu verdadeiro lugar, sem carregar o peso dos outros e sem precisar salvar ninguém. Respire e sinta a leveza de estar onde realmente deve estar.

4. O que preciso honrar?

Saúde mental também envolve aceitação. Enquanto rejeitarmos nossa história, nossa origem ou nossos traumas, continuaremos presos a eles.

Reflita:

- O que você rejeita na sua história que ainda lhe mantém preso?
- Pense em uma parte da sua vida que você rejeita (uma experiência difícil, um erro, uma relação). Em vez de lutar contra isso, diga: "Eu reconheço que isso fez parte do meu caminho e me fortaleceu". Sinta a libertação ao transformar resistência em aceitação.

5. Qual a minha responsabilidade?

Muitas vezes, sofremos porque tentamos controlar o que não depende de nós. O equilíbrio vem quando aprendemos a agir no que podemos e deixamos ir o que não nos cabe.

Reflita:

- O que está nas suas mãos para mudar e o que você precisa soltar?
- O que está no seu controle? Suas escolhas, seus pensamentos, suas ações?
- O que não está no seu controle? As escolhas dos outros, o passado, as circunstâncias externas?
- O que você pode mudar em si mesmo hoje para viver com mais leveza e autenticidade?

A CONQUISTA DIÁRIA DO BEM-ESTAR EMOCIONAL

Estabelecer limites saudáveis e integrar a visão psicossistêmica às nossas relações familiares e profissionais não é um processo único, e sim uma prática diária. A compreensão de que somos parte de sistemas maiores e que cada membro do sistema tem as próprias responsabilidades ajuda a criar um equilíbrio em que todos possam crescer. Ao aprender a respeitar nossos limites e os dos outros, construímos relações mais saudáveis, mais autênticas e mais gratificantes. E, com isso, podemos alcançar uma vida mais plena, em que o crescimento pessoal é possível a cada novo dia.

Em prol de ajudar você a obter autoconhecimento e o equilíbrio em seus sistemas familiares e profissionais, desenvolvi alguns exercícios psicossistêmicos. Eles são baseados na ideia de que cada indivíduo é parte de um sistema maior e que, muitas vezes, a solução para os problemas está em entender e reorganizar as dinâmicas desses sistemas.

Antes de cada um deles, você deve procurar um lugar tranquilo, no qual tentará acalmar a sua mente. Vá até lá, afaste-se de distrações e preste atenção à sua respiração, efetuando ciclos com contagem regressiva de 5 até 1. Inspire e respire até se perceber calmo e sereno.

Exercício – Revisão familiar

Este exercício ajuda a identificar padrões repetitivos ou disfuncionais em uma família ou sistema e como esses padrões podem estar afetando a vida de um indivíduo.

- **Passo 1:** desenhe uma linha do tempo da sua família, incluindo seus pais, avós, irmãos e outros membros importantes. Registre eventos significativos na vida de cada um, como casamento, separação, doenças, sucessos e fracassos.
- **Passo 2:** observe se há padrões que se repetem entre os membros da família. Por exemplo, doenças semelhantes, problemas financeiros ou emocionais, ou até mesmo questões de relacionamento.
- **Passo 3:** pergunte a si mesmo de que maneira esses padrões familiares estão influenciando sua vida. Você tem comportamentos semelhantes aos de outros membros da família?
- **Passo 4:** reflita sobre o padrão ou comportamento que você gostaria de transformar e como pode fazer isso, criando um espaço para a sua própria evolução e a do sistema.

Exercício – Representação de papéis

Este exercício psicossistêmico ajuda a perceber os papéis que você e outros desempenham no sistema familiar ou profissional e como eles afetam suas relações.

- **Passo 1:** escolha uma situação recente ou um problema específico (no trabalho ou na família) que você tenha enfrentado.
- **Passo 2:** em um espaço tranquilo, faça um pequeno exercício de atuação e imagine-se no papel de cada pessoa envolvida na situação. Coloque-se no lugar do outro e tente ver as coisas da perspectiva dele.
- **Passo 3:** pergunte a si mesmo como você se sentiu no papel de cada pessoa. O que mudou ao ver a situação de outros pontos de vista?
- **Passo 4:** reflita sobre o papel que você está desempenhando. Está equilibrado ou você está sobrecarregado de responsabilidades? Como você pode reorganizar os papéis para melhorar a harmonia?

Exercício – Círculo de relações

O "círculo de relações" é uma técnica que ajuda a identificar como você se conecta com os outros e onde há falta de limites ou equilíbrio nas relações.

- **Passo 1:** em uma folha de papel, desenhe um círculo no centro e escreva seu nome nele.
- **Passo 2:** ao redor do círculo, desenhe outros círculos que representam as pessoas mais importantes de sua vida (família, amigos, colegas de trabalho). Aproxime aqueles que são mais íntimos e afaste os que têm um papel mais distante.
- **Passo 3:** para cada pessoa, escreva o tipo de relação que você tem com ela (por exemplo: "apoiadora", "tensa", "afetuosa", "distante").
- **Passo 4:** pergunte a si mesmo quais dessas relações precisam de mais atenção ou mais limites. Há alguém na sua vida que está ocupando um espaço mais interno no círculo, mas não deveria? Ou alguém distante que deveria estar mais próximo?

- **Passo 5:** reflita sobre como você pode realinhar essas relações para que todas sejam mais saudáveis e equilibradas.

Exercício – Perdão psicossistêmico

A prática do perdão é uma ferramenta poderosa para quebrar ciclos negativos no sistema familiar e profissional. Este exercício permite liberar ressentimentos que afetam diretamente a dinâmica do sistema.

- **Passo 1:** escolha uma pessoa com quem você tenha um conflito não resolvido (pode ser um membro da família, amigo ou colega de trabalho).
- **Passo 2:** feche os olhos. Imagine-se diante dessa pessoa. Não importa se você tem contato com ela ou não, o essencial é que você a veja de maneira clara e verdadeira.
- **Passo 3:** diga em voz alta (ou escreva) tudo o que sente. Seja sincero sobre o que a pessoa fez ou o que a situação causou a você.
- **Passo 4:** agora, repita: "Eu te libero, por mim e por você. O que aconteceu no passado não me define mais". Repita isso várias vezes até sentir um alívio emocional. Por fim, diga: "Eu sinto muito, eu agradeço, eu perdoo e, a partir de agora, eu sigo meu caminho e você segue o seu".
- **Passo 5:** depois, reflita sobre como essa atitude de perdão pode trazer equilíbrio para a sua vida e para a dinâmica do sistema.

Exercício – Reescrita de história familiar

Esse exercício permite explorar como eventos passados podem ser reinterpretados para trazer mais harmonia e aprendizado.

- **Passo 1:** escolha um evento significativo de sua história familiar, como um conflito, uma perda ou um momento de grande tensão.

- **Passo 2:** imagine que você tem a capacidade de reescrever esse evento. O que você faria de diferente? Como o evento poderia ser visto sob uma nova perspectiva, permitindo aprendizado e crescimento?
- **Passo 3:** escreva uma nova versão dessa história, agora com uma mensagem de aprendizado e compreensão. Talvez você possa ver que aquele evento foi essencial para o desenvolvimento de alguém ou do próprio sistema familiar.
- **Passo 4:** pergunte a si mesmo o que você aprendeu com essa reinterpretação da história. Como pode aplicar essa nova visão em sua vida?

06.

REESTRUTURAÇÃO COGNITIVA – TRANSFORMANDO SUA MENTE

A mente humana é um dos instrumentos mais poderosos que possuímos. Ela não só interpreta a realidade, como também a cria, moldando percepções, emoções e comportamentos. Cada pensamento gera uma resposta no corpo, cada crença influencia decisões e, ao longo do tempo, as experiências de vida formam os caminhos neurais que determinam como reagimos ao mundo ao nosso redor.

No entanto, essa mesma mente que tem o potencial de nos impulsionar também pode nos limitar. Ao longo do tempo, absorvemos influências do meio, vivemos experiências traumáticas e internalizamos crenças que podem se manifestar por meio de padrões negativos, medos e até traumas. Muitas dessas programações negativas operam de modo automático, sem que tenhamos plena consciência de sua existência. Você já se perguntou por que certos medos persistem, por que certos comportamentos parecem incontroláveis ou por que algumas metas parecem inatingíveis, apesar de todo o seu esforço consciente? A resposta está nos arquivos profundos do subconsciente, em que essas programações foram registradas e continuam a influenciar nossas escolhas e emoções.

A boa notícia é que você pode ser mais consciente de suas escolhas e que o poder de transformar a sua vida está em suas mãos. Assim como um computador pode receber uma atualização para rodar um sistema aprimorado, a mente pode ser reconfigurada para adotar crenças mais positivas, desenvolver novos hábitos e responder de maneira mais saudável aos desafios da vida. E é aqui que entra o método psicossistêmico.

Com o método psicossistêmico é possível acessar um estado ampliado de consciência, em que as barreiras críticas da mente são reduzidas, permitindo que padrões negativos sejam ressignificados e substituídos por programações mais alinhadas ao que buscamos para a vida. É um processo natural e seguro, que utiliza o poder da própria mente para desbloquear potenciais adormecidos e restaurar o equilíbrio emocional.

Ao compreendermos que não somos reféns das nossas limitações e que podemos, sim, reescrever nossa história, damos o primeiro passo para uma transformação profunda e duradoura. A chave para essa mudança está dentro de nós, e o método psicossistêmico é o caminho para acessá-la.

Este capítulo foi pensado para ser não apenas informativo, mas também inspirador. Ele encoraja a prática da reestruturação cognitiva, ressaltando a importância do método psicossistêmico e oferecendo ferramentas para aplicá-lo de maneira prática no cotidiano.

O QUE É REESTRUTURAÇÃO COGNITIVA?

A reestruturação cognitiva visa mudar padrões prejudiciais de pensamento. Esses padrões, muitas vezes inconscientes, afetam nossas escolhas, nossa saúde emocional e até nossas relações. Quando conseguimos identificar e modificar esses pensamentos automáticos, podemos viver de maneira mais plena e equilibrada.

O método psicossistêmico é uma ferramenta poderosíssima para acessar o subconsciente. Ao alcançar um estado de relaxamento profundo, a mente se torna mais receptiva a novas ideias e mudanças, além de tornar possível a identificação de traumas antigos, até então esquecidos, e padrões negativos que nos bloqueiam.

Como o método psicossistêmico funciona na reestruturação cognitiva?

Durante a sessão de aplicação do método, você se encontrará em um estado profundo de relaxamento, em que a sua mente consciente fica mais tranquila, tornando o subconsciente mais acessível. Nesse estado, a hipnoterapia pode atuar de modo a reprogramar as crenças limitantes, as memórias traumáticas e as percepções distorcidas que moldam sua realidade.

Imagine que você carrega uma crença negativa, como "Não sou bom o suficiente" ou "Não mereço ser feliz". Esses pensamentos podem ter se formado ao longo dos anos, por meio de experiências negativas ou feedback de outras pessoas, e eles começam a influenciar suas ações e decisões. O método psicossistêmico ajuda a acessar esses padrões mentais, permitindo que você reveja essas crenças e as substitua por pensamentos mais positivos e construtivos.

Identificando e superando traumas

Os traumas – sejam eles grandes, sejam eles pequenos – deixam marcas no corpo e na mente. Esses eventos podem criar bloqueios emocionais e mentais que nos impedem de viver plenamente. O método psicossistêmico possibilita a você ir além da superfície desses traumas, reprocessando-os de maneira saudável.

Por exemplo, se você passou por uma experiência traumática na infância, que deixou um medo constante ou um sentimento de insegurança, o método pode ajudá-lo a acessar e compreender a raiz desse trauma. A questão não é reviver a dor, mas proporcionar uma nova perspectiva em que você pode se libertar dos efeitos que ela tem sobre você hoje.

A reprogramação de padrões negativos

A chave para a mudança real é a reprogramação mental. Quando reestruturamos nossos pensamentos, estamos, na verdade, criando

AO COMPREENDERMOS QUE NÃO SOMOS REFÉNS DAS NOSSAS LIMITAÇÕES E QUE PODEMOS, SIM, REESCREVER NOSSA HISTÓRIA, DAMOS O PRIMEIRO PASSO PARA UMA TRANSFORMAÇÃO PROFUNDA E DURADOURA.

PARE DE MENTIR PARA SI MESMO
@MORAESBERNADETE

caminhos neurais no cérebro. Isso é possível porque o cérebro humano é plástico, ou seja, ele tem a capacidade de mudar e se adaptar.

Se você tem um padrão mental de autocrítica constante, em que sempre se julga de maneira dura, o método psicossistêmico pode ajudá-lo a transformar essa autocrítica em uma voz interna mais compassiva e construtiva. Com o tempo, esse novo padrão se tornará mais natural, passando a influenciar positivamente sua vida, suas ações e sua autoestima.

COMO VOCÊ PODE APLICAR O MÉTODO PSICOSSISTÊMICO NO SEU COTIDIANO?

Agora que você conheceu os benefícios do método psicossistêmico e da reestruturação cognitiva, é importante saber como aplicá-los no dia a dia. O primeiro passo é buscar a consciência dos seus padrões mentais. Pergunte-se: "Que crenças ou pensamentos negativos me limitam?", "Quais são os traumas ou experiências que ainda me afetam?".

Após identificar esses padrões, busque ajuda especializada para trabalhá-los. Muitas vezes, o simples reconhecimento de um padrão negativo já é o primeiro passo para a mudança. O método psicossistêmico pode acelerar esse processo, mas, mesmo fora das sessões, você pode começar a cultivar uma mentalidade positiva, como praticar afirmativas diárias, respiração profunda e meditação. Esses são exemplos de pequenas ações que podem ajudar a reforçar os novos padrões mentais que você está criando. Lembre-se: a reprogramação cognitiva é um processo contínuo. E a cada pequena vitória sua mente ficará mais forte, mais positiva e mais alinhada aos seus objetivos de vida.

O poder da mudança

À primeira vista, a mudança pode parecer um desafio, mas, com a abordagem certa, ela é absolutamente possível. O método psicossistêmico não é apenas uma técnica para reprogramar a mente; é uma ferramenta estratégica para transformar o modo como você se vê e como vê o mundo ao seu redor. Ao identificar traumas e padrões negativos e substituí-los por crenças construtivas, você cria uma vida mais saudável, equilibrada e feliz.

Lembre-se: você é capaz de mudar a sua realidade. Ao reestruturar sua mente, você transforma seus pensamentos e constrói uma nova versão de si mesmo, mais forte e mais confiante. A jornada de reprogramação cognitiva pode ser profunda, mas também é libertadora. Comece hoje, com o primeiro passo em direção a uma mente mais saudável e a uma vida mais equilibrada.

CASOS DE SUCESSO DA ABORDAGEM PSICOSSISTÊMICA

Os exercícios psicossistêmicos ajudam a desenvolver a autoconsciência e a promover equilíbrio nos sistemas em que vivemos. Ao aplicá-los – seja para si mesmo, seja para outros –, você estará criando um espaço para o crescimento pessoal e coletivo, ajudando a melhorar as dinâmicas familiares e profissionais e a promover uma vida mais equilibrada e harmoniosa.

E, para mostrar que esses exercícios são de fato efetivos, separei alguns casos que foram resolvidos ou melhorados por meio do método psicossistêmico. Eles ilustram como essa visão pode ajudar a resolver conflitos e a restaurar o equilíbrio em várias áreas da vida.

Conflito familiar com herança

Certa vez, lidei com uma família que estava em constante conflito por conta da divisão de uma herança. Havia brigas frequentes entre os filhos e os pais, e isso afetava o relacionamento entre eles, causando estresse emocional.

A situação era tão séria que, ao ser analisada, pudemos constatar que o conflito era um ciclo repetitivo que se arrastava por anos. Ele era causado por ressentimentos profundos entre os envolvidos e dificuldades de comunicação.

Para tentar resolvê-lo, o primeiro passo foi identificar os padrões familiares e as lealdades inconscientes que estavam em jogo. Cada membro da família teve que entender o papel do outro na dinâmica. Assim, pudemos explorar o que cada um estava carregando em relação aos pais e ao sistema familiar em sua totalidade, bem como as expectativas que tinham.

Por meio de uma série de sessões, foi possível quebrar o ciclo de hostilidade e criar um espaço para o perdão e o entendimento. A visão psicossistêmica ajudou a ver que o conflito estava relacionado a expectativas não expressas, lealdades inconscientes e papéis familiares não resolvidos.

O conflito foi resolvido quando cada membro da família tomou seu lugar, sem precisar carregar o peso das decisões e escolhas dos outros. Isso resultou em uma divisão mais justa da herança, além de restaurar a harmonia na família.

Síndrome de burnout no trabalho

Carlos[15] era um funcionário leal de sua empresa, porém a cada dia ele se sentia mais sobrecarregado com as demandas, responsabilidades e expectativas que recaíam sobre ele no trabalho.

15 Todos os nomes utilizados nos exemplos de caso são fictícios para proteger a identidade dos envolvidos.

As tarefas eram tantas que ele logo se viu incapaz de cumpri-las, e isso levou a uma crescente frustração e esgotamento, até que ele chegou ao limite e, então, viu-se sofrendo de burnout.

Considerando a abordagem psicossistêmica, a terapia não poderia focar apenas Carlos. Afinal, ele não existe no vácuo, e sim faz parte de toda uma dinâmica da empresa. Foi preciso observar as expectativas e pressões impostas aos funcionários no geral para entender como aquilo se aplicava a Carlos. Além disso, examinamos o clima organizacional, a cultura de trabalho e as relações na equipe.

A conclusão foi que Carlos, inconscientemente, estava tentando "salvar" sua equipe, bem como tinha um vínculo de lealdade inconsciente com seu chefe, o que o levou a assumir mais responsabilidades do que era capaz de lidar.

A visão psicossistêmica nos permitiu trabalhar nesse caso em duas partes: a primeira foi com o todo, incentivando a equipe a revisar suas práticas de trabalho e a distribuir melhor as responsabilidades; a segunda foi o individual, trabalhando junto a Carlos para ajudá-lo a estabelecer limites claros, focando respeitar sua saúde emocional e física.

Foi a abordagem psicossistêmica que nos permitiu reconhecer que não era apenas a saúde individual de Carlos que estava em jogo, mas também a sistêmica. Tratar de uma e ignorar a outra não traria resultados efetivos. Ao melhorar a cultura de trabalho, equilibrar as demandas e mostrar a Carlos como priorizar a si mesmo, foi possível promover o bem-estar de todos os colaboradores e equilibrar o sistema da empresa.

Relacionamento tenso entre mãe e filho adulto

Heitor, um jovem de 24 anos, chegou a mim por estar com sérios problemas de relacionamento com a mãe, Marina. Havia entre os dois uma constante tensão, bem como diversos desentendimentos em relação à autonomia do rapaz – afinal, ele já era adulto, mas ainda se via dependente da mãe para várias decisões importantes em sua vida, como escolha de carreira e relacionamentos pessoais.

Com a abordagem psicossistêmica, pudemos identificar que a mãe estava, inconscientemente, mantendo um papel controlador na vida do filho devido a uma dinâmica de dependência emocional. Marina tinha medo de perder o filho, pois estava vendo-o se tornar cada vez mais independente; com isso, ela acabou projetando os próprios medos de abandono sobre o rapaz.

Assim, os dois foram colocados frente a frente e começaram a explorar as expectativas que tinham um em relação ao outro, seus medos e suas necessidades emocionais. A visão psicossistêmica possibilitou a Marina entender que seu papel de cuidadora precisava ser ajustado, e Heitor, por sua vez, aprendeu a estabelecer limites saudáveis e tomar decisões por si mesmo, sem sentir culpa nem medo. A relação passou a ser mais equilibrada, com ambos respeitando os limites um do outro, o que resultou em mais autonomia para o filho e mais confiança para a mãe.

Problemas de relacionamento profissional em equipe

De volta ao ambiente profissional, deparei-me com uma situação que não dizia respeito a apenas um indivíduo, mas a duas equipes: entre o pessoal de vendas e o de marketing reinava um clima de tensão. Havia falta de comunicação, ressentimentos e um ciclo de acusações de um lado para o outro. A equipe de vendas se sentia frustrada com a falta de suporte do marketing, enquanto o marketing sentia que as vendas não seguiam as estratégias estabelecidas.

Os esforços iniciais, portanto, se concentraram em entender como as duas equipes estavam interconectadas e como suas atitudes e comportamentos estavam sendo moldados pelas expectativas do sistema empresarial. Foi conduzida uma série de encontros com as equipes, ajudando-as a perceber os papéis que estavam assumindo no sistema corporativo e como essas dinâmicas estavam afetando a colaboração entre as pessoas.

Assim, uma vez que foram reconhecidas as expectativas e os papéis disfuncionais, as equipes começaram a dialogar mais abertamente sobre suas necessidades e limitações. A intervenção psicossistêmica ajudou a quebrar as barreiras de comunicação e a promover mais colaboração entre as duas áreas. Como resultado, a empresa implementou práticas de comunicação mais claras e criativas entre as equipes, levando a um aumento significativo no desempenho e a um ambiente de trabalho mais harmonioso.

Conflito de gerações em família

Voltando ao âmbito familiar, deparei-me com Daiane e André, um casal que estava enfrentando dificuldades de relacionamento com seus filhos adolescentes, Pedro e Rafael. Os dois meninos, de idades muito próximas, estavam cada vez mais rebeldes e, segundo os pais, desobedientes. O casal se via impotente para controlar a situação.

À primeira vista, já pude notar uma grande disparidade entre as expectativas dos pais e as necessidades de independência dos filhos. Desse modo, o próximo passo foi ajudar todos os membros da família a entender as dinâmicas de poder, lealdade e comunicação que estavam em jogo.

Depois de muita conversa, conseguimos identificar que o desejo principal de Daiane e André era proteger os filhos, porém, ao fazê-lo, acabavam impondo as próprias perspectivas e valores sobre eles, sem considerar os desejos e necessidades de independência dos adolescentes. Pedro e Rafael, por sua vez, estavam tentando afirmar sua identidade fora dos limites impostos pelos pais, caso comum entre adolescentes.

Assim, a abordagem psicossistêmica ajudou os pais a revisitarem os próprios papéis e a aceitarem que os filhos precisavam experimentar a independência para se tornarem adultos responsáveis. Já os meninos compreenderam que precisavam assumir seus papéis como filhos, respeitando a autoridade de seus pais. A família foi capaz de chegar a um entendimento mútuo, com mais respeito e menos conflitos.

***

Após analisar todos esses casos, espero que você tenha conseguido visualizar como a abordagem psicossistêmica pode ser aplicada para resolver problemas em várias esferas da vida, desde conflitos familiares e profissionais até questões de saúde mental e emocional. Ao adotar uma postura que considera as interconexões e os padrões em um sistema, é possível promover a harmonia e o crescimento pessoal e coletivo.

07.

COMPREENSÃO DO SENTIMENTO – EXPLORANDO AS RAÍZES DE PADRÕES COMPORTAMENTAIS COM O MÉTODO PSICOSSISTÊMICO

A mente humana é um território amplo e complexo, que guarda em seu interior os registros das experiências, emoções e, muitas vezes, dos traumas vividos. Esses registros influenciam diretamente o nosso comportamento, nossas relações e até mesmo a percepção de nós mesmos.

A psicanálise, como método de investigação do inconsciente, propõe-se a explorar essa dimensão interna do indivíduo, para que ele conheça sua história psíquica. Ao investigar os sentimentos reprimidos e os mecanismos de defesa que sustentam os conflitos internos, é possível ressignificar as vivências dolorosas e as crenças que limitam a capacidade de agir no presente, possibilitando a libertação das amarras que prendem o sujeito ao passado ou a algum trauma.

A IMPORTÂNCIA DE COMPREENDER OS SENTIMENTOS

Os sentimentos e as emoções podem ser considerados reflexos da nossa experiência consciente e são profundamente moldados por eventos passados, muitas vezes não reconhecidos, que podem ser inconscientes. Esses sentimentos reprimidos podem se manifestar em nossos comportamentos, reações e até em nosso corpo físico.

Por exemplo, um indivíduo que teve experiências de abandono na infância pode desenvolver uma crença inconsciente de que nunca será digno de amor. Isso pode se manifestar em relacionamentos, nos quais ele pode evitar intimidade por medo de ser abandonado novamente. Sem compreender a origem desse sentimento e o padrão que está sendo repetido, a pessoa fica presa a um ciclo doloroso, em que não consegue mudar seu comportamento ou suas reações. Muitas vezes, a pessoa se liberta de uma situação opressora, mas sai em busca de outra.

Isso pode acontecer com quem está sempre vivendo relacionamentos abusivos, por exemplo.

MECANISMOS DE DEFESA E A ESTRUTURA DA PERSONALIDADE

A psicanálise também introduz a ideia de que, para se proteger das experiências dolorosas ou traumáticas, a mente humana aciona o que chamamos de "mecanismos de defesa". Esses mecanismos são formas inconscientes de lidar com sentimentos como ansiedade, medo e dor emocional. Embora eles sejam acionados em momentos de crise e funcionem como uma proteção, ao longo do tempo, podem se tornar prejudiciais se não forem compreendidos e transformados.

A seguir, apresento alguns dos principais mecanismos de defesa identificados pela psicanálise e que são analisados pelo método psicossistêmico.

Repressão

Processo inconsciente pelo qual o indivíduo afasta sentimentos dolorosos, como pensamentos, lembranças ou afetos ligados a experiências traumáticas. Não se trata de mero esquecimento, processo natural e espontâneo, mas de uma dinâmica que opera em conteúdos inacessíveis à consciência para evitar a tristeza e a angústia que sua recordação poderia provocar.

Esse mecanismo pode ser identificado em diversas manifestações da vida psíquica. Muitas vezes, memórias da infância ou eventos que causaram grande sofrimento emocional são deixados de lado, impedindo que o sujeito tenha acesso direto a eles, mas, ainda assim, continuam exercendo influência sobre o comportamento, os sintomas e as escolhas da pessoa.

Na prática clínica, observa-se que aquilo que foi reprimido não desaparece, mas retorna de maneira disfarçada, seja por meio de lapsos de memória, sonhos, sintomas neuróticos, seja por repetições inconscientes na vida do indivíduo. O trabalho psicanalítico, portanto, possibilita que esses conteúdos sejam gradualmente elaborados e ressignificados para que a pessoa possa integrar tais experiências à sua história psíquica de modo menos conflituoso. Assim, a repressão, que de início serviu como um mecanismo de proteção, pode ceder espaço a um processo de autoconhecimento e transformação mais profunda.

Negação

Processo inconsciente por meio do qual o indivíduo, confrontado com uma realidade dolorosa, recusa-se a reconhecê-la como verdadeira. Esse mecanismo pode se manifestar de diversos modos, desde uma minimização da gravidade da situação até a recusa absoluta em admitir sua existência.

Frequentemente, a negação é observada em contextos de grande impacto emocional, como o diagnóstico de uma doença grave ou o término de um relacionamento. No primeiro caso, a pessoa pode evitar exames médicos, desacreditar dos prognósticos ou se agarrar a interpretações ilusórias para afastar a angústia que a aceitação da doença poderia gerar. No segundo caso, ela pode insistir em manter um vínculo que já se mostra destruído, ignorando os sinais evidentes de sua inviabilidade e nutrindo a esperança de uma mudança improvável.

Ainda que a negação ofereça um alívio temporário, funcionando como um "amortecedor" contra o sofrimento imediato, sua manutenção prolongada pode levar a consequências graves. Manter esse mecanismo impede o indivíduo de elaborar suas angústias e de encontrar saídas mais saudáveis para seus conflitos. Na clínica psicanalítica, o trabalho do analista consiste em ajudar a pessoa a tomar contato com a realidade que ela está evitando, promovendo um espaço em que a dor possa ser compreendida e modificada.

Racionalização

Mecanismo de defesa por meio do qual o indivíduo busca atribuir explicações logicamente coerentes a comportamentos, pensamentos ou sentimentos que tenham uma motivação emocional que lhe causa desconforto. Em vez de uma análise autêntica da realidade psíquica, a racionalização procura trazer narrativas que tornem o inaceitável mais palatável à consciência. Assim, uma pessoa que é demitida, por exemplo, pode justificar a situação dizendo que "não se importava tanto com aquele trabalho", quando, na verdade, a frustração e os sentimentos de inadequação foram os verdadeiros protagonistas da sua experiência. Da mesma maneira, alguém que é rejeitado em uma relação amorosa pode argumentar que "o outro não era bom o suficiente", quando, na realidade, o que ele está sentindo é uma enorme dor pela rejeição sofrida.

Embora a racionalização tenha a função de atenuar o sofrimento psíquico ao fornecer explicações aparentemente razoáveis, sua persistência pode impedir a pessoa de entrar em contato com as verdadeiras motivações que a movem, perpetuando padrões negativos e dificultando um processo de autoconhecimento mais profundo.

Projeção

Mecanismo de defesa pelo qual o sujeito, incapaz de reconhecer ou tolerar determinados conteúdos psíquicos dentro de si, os atribui a outra pessoa. Trata-se de um processo inconsciente em que os afetos, desejos ou impulsos que geram desconforto são "projetados" no outro, o que faz o indivíduo não tomar contato direto com o que o aflige.

Esse mecanismo pode ser observado em diversas situações do cotidiano. Por exemplo, alguém com uma agressividade dentro de si, mas que não a reconhece como sua, pode achar as pessoas ao seu redor agressivas ou hostis; assim como aquele que sente inveja, mas não admite essa emoção em si, pode acreditar que são os outros que têm inveja dele. A projeção, portanto, funciona como uma estratégia que impede a pessoa de entrar em contato com aspectos internos causadores de angústia, deslocando esses sentimentos para o mundo externo.

Sublimação

Ao contrário de outros mecanismos de defesa, a sublimação traz a transformação dos impulsos em produções criativas, intelectuais ou socialmente úteis, sem que sua energia seja reprimida ou negada. É um dos mais sofisticados e adaptativos mecanismos de defesa, já que a pessoa direciona sua energia emocional para atividades construtivas.

Com frequência, esse processo é observado em indivíduos que, em vez de expressarem diretamente seus impulsos, convertem-nos em empenho artístico, científico, esportivo ou profissional. Uma pessoa com intensos desejos agressivos pode encontrar no esporte um meio de canalizar essa energia de modo socialmente aceito e até admirado, assim como alguém com forte carga emocional pode transformá-la em expressão artística, criando obras que reflitam sua complexidade interna. Do mesmo modo, muitos intelectuais e pesquisadores direcionam suas pulsões para o aprofundamento do conhecimento, transformando inquietações internas em avanços significativos para a sociedade.

OS MECANISMOS DE DEFESA NO MÉTODO PSICOSSISTÊMICO

Vimos que os mecanismos de defesa são estratégias inconscientes que usamos para lidar com conflitos internos e, assim, evitar o sofrimento emocional. O método psicossistêmico amplia esse olhar, considerando que esses mecanismos não surgem apenas na mente individual, mas são influenciados pelos sistemas em que estamos inseridos, como família, cultura, relacionamentos e sociedade. Ou seja, não só criamos defesas individuais, como também herdamos e repetimos padrões sistêmicos que nos levam a agir de determinadas formas sem perceber. A boa notícia é que, ao nos conscientizarmos desses mecanismos, podemos sair do piloto automático e transformar nossas relações e nossa saúde mental. Vamos entender como isso ocorre por meio de exemplos práticos do cotidiano.

"O mundo está contra mim"

Ao pensar algo assim, o mecanismo de defesa que está sendo utilizado é o da racionalização, pois estão sendo criadas justificativas aparentemente lógicas em prol de se evitar lidar com os próprios sentimentos de fato.

Um exemplo prático da manifestação desse tipo de pensamento é o de Joana, que acredita sempre escolher parceiros ruins porque "todos os homens são iguais". Quando um relacionamento não dá certo, ela se convence de que foi azar, não percebendo que talvez esteja repetindo padrões familiares de dependência emocional.

Assim, pode ser que Joana esteja reproduzindo um modelo de sofrimento aprendido na infância. Talvez tenha visto sua mãe em relações difíceis e inconscientemente acredite que "relacionamentos são assim mesmo". Enquanto ela não reconhecer esse padrão e assumir sua parte nas escolhas, continuará atraindo o mesmo tipo de parceiro.

Caso também pense assim, colocando a culpa no mundo, gostaria que refletisse: será que você está repetindo um padrão da sua família? O que você poderia mudar em si mesmo para atrair relações diferentes?

"Não preciso de ninguém"

Quando se pensa desse modo, é a intelectualização que está tomando conta. Ou seja, você está usando a lógica para evitar emoções profundas.

Quando conversei com Mariana, ouvi que ela preferia ficar sozinha porque "relacionamentos só dão trabalho". Analisando a questão mais a fundo, percebemos que ela tinha muito medo de se abrir para o novo e acabar sendo magoada, pois ela cresceu em um ambiente no qual expressar sentimentos era visto como fraqueza. Assim, o sistema de defesa dela a protege, mas também a impede de viver o novo.

Se você, assim como Mariana, se fecha para o mundo e encontra razões lógicas para isso, quero que se pergunte: você está mesmo feliz sozinho ou evitando se abrir por medo de sofrer?

"Ele(a) tem que mudar para o relacionamento dar certo"

Esse é um caso clássico de projeção, pois está atribuindo ao outro aquilo que não quer enxergar em si mesmo.

Rafael, por exemplo, dizia que a esposa era fria e distante, mas, com o tempo, percebemos que quem havia se afastado emocionalmente fora ele mesmo. Ele projetava nela essa distância pois não queria ver essa característica em si. Afinal, Rafael aprendera em seu sistema familiar que demonstrar emoções era desconfortável, então ele apenas se afastou da esposa, culpando-a por isso em vez de reconhecer o próprio erro.

Se você estiver em situação semelhante, reflita: será que está cobrando do outro o que, na verdade, precisa mudar em você?

TRANSFORMANDO OS MECANISMOS DE DEFESA COM O OLHAR PSICOSSISTÊMICO

É essencial, contudo, entender que os mecanismos de defesa não são ruins; eles têm um papel fundamental na formação da personalidade e servem para nos proteger. Mas, quando passam a nos limitar e não são integrados de maneira saudável, podem levar a distúrbios emocionais e comportamentais. Por isso, precisamos trazê-los para a consciência e agir de modo diferente. Com o método psicossistêmico, aprendemos que nossos padrões vêm de um sistema maior e que, ao mudarmos internamente, também transformamos o modo como nos relacionamos com o mundo.

A visão psicossistêmica propõe que, ao explorar eventos passados e entender como eles moldaram nossos sentimentos e comportamentos atuais, podemos iniciar um processo de cura emocional. Nesse processo, o paciente acessa e compreende essas memórias e emoções reprimidas, de modo que ele possa integrar essas experiências de maneira saudável.

As dores que carregamos hoje nem sempre começaram em nós. Algumas foram vividas na infância, outras herdadas da nossa família e, sem perceber, seguimos repetindo padrões que nos fazem sofrer. O método psicossistêmico nos ensina que não basta apenas ignorar o passado e "seguir em frente"; é preciso entender como ele nos moldou e escolher um novo caminho com consciência.

Se você sente que sempre acaba nos mesmos tipos de relacionamento, que o mesmo problema se repete em sua vida ou que existe uma dor dentro de você que não consegue explicar, é hora de olhar para essa ferida e curá-la.

Passo 1: identifique o padrão

O primeiro passo para a cura é perceber o que se repete na sua vida. Pergunte-se:

- Que problema emocional sempre volta para a minha vida?
- Quais situações sempre estão me machucando?
- Quem, na minha família, passou por algo parecido com o que eu estou passando agora?

Por exemplo, uma de minhas pacientes, Ana, sempre escolhia parceiros que a tratavam mal. Logo, ela percebeu que sua mãe também viveu um casamento abusivo. Sem se dar conta, Ana estava repetindo um padrão familiar, como se estivesse tentando "corrigir" a história da mãe por meio de suas escolhas.

Se algo se repete, não é coincidência. É um padrão que precisa ser quebrado.

Passo 2: entenda a origem da dor

Agora que você identificou o padrão, é necessário descobrir onde ele começou. Pergunte-se:

- Qual foi a primeira vez que senti essa dor?

- Quem me fez sentir isso?
- Eu estou carregando essa dor por mim ou por alguém da minha família?

Lucas, por exemplo, sentia culpa por descansar. Ele sempre achava que deveria estar trabalhando ou produzindo algo. Ao refletir, percebeu que crescera vendo os pais exaustos, sempre dizendo que "descansar era coisa de gente preguiçosa".

Muitas vezes, carregamos crenças e dores que não são nossas, mas que herdamos sem perceber.

Passo 3: honre o passado, mas escolha o presente

Não mudamos nossa história, mas podemos mudar o modo como ela nos afeta. Em vez de lutar contra o passado ou carregar ressentimento, podemos reconhecer o que vivemos, aprender com isso e seguir em frente de modo mais leve.

Para isso, eu trouxe uma prática de libertação:

- Feche os olhos, respire fundo e mentalize sua dor.
- Agora, diga para si mesmo: "Eu reconheço essa dor, mas escolho deixá-la ir. Agradeço o que aprendi e escolho viver de maneira diferente".

Libertar-se de uma dor não significa negá-la, e sim permitir que ela não o controle mais.

Passo 4: aja de maneira diferente

Uma vez que você tenha identificado a ferida e compreendido a origem dela, é hora de romper o ciclo e fazer diferente.

- Se você percebeu que sempre se sabota, pode começar a se valorizar mais.

- Se tem medo do abandono, pode buscar segurança dentro de si, sem depender do outro.
- Se repete padrões negativos em relacionamentos, pode escolher alguém de modo mais consciente.

Para tanto, trago mais um exemplo: Mariana, que cresceu ouvindo que "dinheiro era sofrimento", na vida adulta se via sempre em dificuldades financeiras. Mas, uma vez que reconheceu a origem de seus comportamentos, ela começou a mudar sua relação com o dinheiro e se permitiu prosperar.

Se queremos um futuro diferente, precisamos agir diferente.

***

O método psicossistêmico nos mostra que não precisamos continuar presos à dor do passado. O que vivemos moldou quem somos, mas não define nosso futuro. Quando trazemos consciência para nossas feridas, podemos transformá-las em aprendizado e crescimento.

Agora é com você: o que pode mudar hoje para que a sua história seja diferente?

A IMPORTÂNCIA DE EXPLORAR EVENTOS PASSADOS

É importante compreender que explorar o passado não significa viver nele, mas buscar a origem dos padrões atuais para poder transformá-los. Ao revisitar eventos significativos, a pessoa pode perceber que suas reações emocionais são, muitas vezes, sobreposições de traumas antigos que não foram resolvidos. Esse reconhecimento é a chave para uma cura profunda e verdadeira.

Assim, se uma pessoa tem medo de se expor ao fracasso e evita novos desafios, o método psicossistêmico pode ajudá-la a identificar se esse medo tem raízes em um evento específico da infância, como uma crítica severa ou uma experiência de fracasso escolar. Ao trazer essa memória à tona, o indivíduo pode parar de associar o medo do fracasso à dor emocional que ele carrega inconscientemente, desenvolvendo, desse modo, uma nova maneira de reagir diante dos desafios.

Apresento, agora, um exercício simples de autoconhecimento que pode ser realizado no cotidiano para ajudar a entender melhor os sentimentos e sua origem. O objetivo é acessar memórias e padrões emocionais, trazendo à tona sentimentos que muitas vezes são reprimidos ou ignorados.

Exercício de autoconhecimento – Reviva e liberte-se

1. **Encontre um local tranquilo.** Sente-se ou deite-se em um ambiente em que você possa relaxar sem interrupções.
2. **Respire fundo.** Comece com algumas inspirações e respirações profundas, desacelerando o ritmo da mente e relaxando o corpo.
3. **Reviva uma memória emocional.** Pense em uma situação recente que tenha gerado uma emoção intensa em você, como raiva, tristeza ou frustração. Feche os olhos e permita-se reviver essa memória da maneira mais detalhada possível, prestando atenção nas emoções, no ambiente e nas pessoas envolvidas.
4. **Explore os sentimentos.** Pergunte a si mesmo o que você estava sentindo naquele momento, e procure uma conexão com eventos passados. Você já se sentiu assim antes? Essa emoção tem raízes em outra experiência de sua vida?

5. **Ouça as respostas do seu inconsciente.** Tente identificar qualquer pensamento ou crença subjacente que tenha surgido dessa emoção. Existe algo relacionado à sua infância ou experiências passadas que possa estar influenciando como você reage hoje?
6. **Sinta a liberação emocional.** Quando perceber a origem do sentimento, imagine-se liberando essa emoção. Visualize-a se dissipando no ar ou sendo transformada em algo positivo. Diga a si mesmo: "Eu libero a dor do passado e aceito a paz no presente".

CAMINHOS PARA O AUTOCONHECIMENTO

Explorar sentimentos e eventos passados, como propõe o método psicossistêmico, é uma jornada profunda e libertadora. Ao compreender as origens dos nossos padrões de comportamento e dos mecanismos de defesa, podemos começar a nos curar emocionalmente. Esse processo nos ajuda a entender quem somos, abrindo caminho para a evolução pessoal e para uma vida mais plena.

Ao integrar as lições do passado de maneira saudável, a mente e o coração se tornam mais livres, permitindo que novas formas de pensar, agir e sentir surjam com clareza e confiança. Com o tempo, a cura emocional se transforma não apenas em um alívio temporário, mas em um estado duradouro de equilíbrio e paz interior.

Lembre-se: a mudança não acontece da noite para o dia, e está tudo bem. O importante é você dar o primeiro passo em direção ao autoconhecimento. Toda vez que você identificar um padrão negativo e tomar uma atitude diferente, estará fortalecendo a nova versão de si mesmo, mais consciente e mais alinhada ao seu verdadeiro eu.

No entanto, se sentir que está difícil fazer as mudanças necessárias sozinho, buscar apoio de um profissional da área de saúde mental pode ser extremamente útil. Às vezes, contar com a ajuda de um profissional é o que faz toda a diferença para romper com os padrões de maneira mais eficaz.

A CHAVE DO AUTOCONHECIMENTO

O próximo exercício é apenas o começo de uma jornada de autoconhecimento profunda. A cada descoberta, você ganha mais poder sobre as próprias escolhas e reações. Ao explorar os padrões de comportamento e suas origens, você começa a se libertar de ciclos destrutivos e cria o caminho para uma vida mais saudável e plena.

Lembre-se: o autoconhecimento é a chave para a transformação. Quanto mais você se entende, mais pode se alinhar com a pessoa que deseja ser.

Exercício de autodescoberta – O espelho do passado

Este exercício visa levá-lo a explorar de que maneira experiências passadas, aparentemente pequenas, podem influenciar seus comportamentos e escolhas atuais. A proposta é simples, mas profunda: você vai confrontar memórias do passado e usá-las para entender melhor seus padrões emocionais e comportamentais. O mais interessante é que as respostas que você descobrirá podem ser surpreendentes, revelando aspectos ocultos de sua personalidade que talvez você nunca tenha notado.

Passo 1: encontre um espaço tranquilo

Escolha um ambiente calmo e confortável, em que você não seja interrompido. Sente-se ou deite-se e feche os olhos. Respire profundamente, buscando relaxar e deixar qualquer tensão do corpo ir embora.

Passo 2: imagine o espelho mágico

Agora, imagine que você está diante de um espelho mágico. Este não é um espelho comum: ele tem o poder de mostrar não apenas a sua aparência, mas também memórias e sentimentos ocultos. No reflexo, você vê uma versão mais jovem de si mesmo, talvez uma criança ou um adolescente. Observe essa versão e veja como ela se comporta, o que sente e o que está tentando lhe dizer.

Passo 3: ouça a pergunta do espelho

O espelho mágico começa a falar e faz uma pergunta simples, mas poderosa: "O que você mais precisava ouvir naquela época?". Esteja aberto a ouvir as respostas que surgirem em sua mente. Pode ser que você se lembre de um conselho que nunca recebeu, de um reconhecimento que nunca teve ou de uma afirmação que poderia ter ajudado a aliviar um momento difícil. Não filtre as respostas, apenas se permita sentir o momento.

Passo 4: reescreva a história

Agora, visualize-se novamente, mas, dessa vez, você vai conversar com a versão mais jovem de si mesmo. Imagine que você pode dar um conselho a ela, uma orientação ou até mesmo um abraço, algo que possa mudar o curso daquela época.

Reflita: como você pode reescrever essa memória, trazendo algo que tenha lhe dado mais força? Essa conversa com o seu "eu do passado" pode trazer à tona emoções inesperadas, mas também é uma oportunidade de curar feridas antigas. Diga algo que você precisava ter ouvido ou feito naquela época.

Passo 5: note a reação do presente

Depois de ter feito essa troca emocional com sua versão mais jovem, reflita sobre como isso impacta a sua vida hoje. Você percebe que esse evento ou sentimento do passado ainda molda seu jeito de agir ou reagir hoje? Como você pode agir de maneira diferente agora, sabendo o que sabe?

Passo 6: documente seus pensamentos

Anote tudo o que veio à sua mente durante esse exercício. Que respostas o espelho lhe deu? Que sentimentos surgiram ao conversar com seu "eu do passado"? Registre essas descobertas. Elas podem ser a chave para você entender padrões de comportamento que não havia percebido antes.

A grande curiosidade desse exercício é perceber que, muitas vezes, as respostas para comportamentos ou bloqueios no presente estão escondidas em momentos aparentemente esquecidos do passado. Às vezes, a simples percepção de que você poderia ter sido diferente naquela época é suficiente para liberá-lo de padrões antigos.

No mais, esse exercício pode ser repetido com diferentes versões suas, de diferentes idades e momentos de sua vida. Cada memória pode revelar uma camada nova da sua personalidade e dos mecanismos que você usa para lidar com o mundo.

Esse exercício de autodescoberta aguça a memória, pois permite que você viaje no tempo e observe o impacto do seu passado sobre quem você se tornou. Quanto mais você explora essas memórias, mais profundamente pode entender o que está por trás dos seus comportamentos, emoções e escolhas atuais.

08.

14 DICAS PARA A SAÚDE MENTAL

Costumo dizer que alcançar a paz e a tranquilidade é uma tarefa que está nas mãos de cada um de nós. Sei que pode parecer mais uma afirmação clichê, uma fala como tantas outras, mas me permita explicar por que isso é mais profundo do que parece.

Para conseguir viver um processo de transformação verdadeiro, é importante que você se dê uma chance. Comece agora, confie no processo. Você vai se sentir incrivelmente melhor! Cuidar de si é a maior demonstração de amor que você pode oferecer a si mesmo e às pessoas que ama. É um convite para perceber a conexão poderosa entre sua mente consciente e inconsciente, ambas trabalhando juntas para encontrar o melhor caminho para você ser feliz e viver com equilíbrio e harmonia.

Os catorze pontos que apresento a seguir fazem parte de um movimento de transformação que só você pode fazer por si mesmo. Comece pelo básico, mudando hábitos e implementando práticas de bem-estar físico e mental. Você perceberá que, com pequenas mudanças, sua vida vai se transformar, impulsionando-o a fazer novas mudanças e a criar um círculo virtuoso de boas práticas e bons pensamentos.

Essas orientações práticas visam promover o bem-estar psicológico, emocional e físico. Diante da experiência com atendimentos em minha clínica e nas empresas, percebi que a aplicação desses hábitos pode ajudar as pessoas a alcançar equilíbrio, reduzindo o estresse e aumentando a qualidade de vida. Cada um propõe uma ação simples, mas transformadora, que pode ser incorporada à rotina diária para fortalecer a saúde física e emocional. Ao longo do tempo, essas pequenas mudanças podem gerar grandes resultados, ajudando você a se sentir mais equilibrado, realizado e feliz.

Vamos conhecer cada uma dessas dicas?

1. ESCOLHA ALIMENTOS SAUDÁVEIS

A alimentação é a base da saúde física e mental. Opte por alimentos naturais, como frutas, vegetais, grãos integrais e proteínas magras. Evite alimentos ultraprocessados, ricos em açúcares e gorduras saturadas, que podem afetar negativamente o seu humor e a sua energia. Uma dieta equilibrada promove clareza mental e estabilidade emocional.

No entanto, não se esqueça de que o maravilhoso da vida é que todos os dias temos a oportunidade de começar de novo. Assim, se em determinado dia você não olhou para a sua alimentação, pode recomeçar no dia seguinte, vendo o que lhe faz mal e substituindo pelo que lhe faz bem.

Além disso, é importante observar se o que você sente não é uma fome emocional, ou seja, se não está compensando suas emoções na comida. Aprenda a sentir e compreender o que o seu corpo fala.

2. TENHA UM SONO DE QUALIDADE

Dormir bem é essencial para renovar o corpo e a mente. Procure manter uma rotina regular de sono, criando um ambiente acolhedor no quarto. Desconecte-se de dispositivos eletrônicos antes de dormir e pratique técnicas de relaxamento, como meditação, para facilitar o descanso profundo.

É importante também fazer a higiene do sono: use roupas confortáveis, leves e limpas; desconecte-se do estado de alerta no mínimo uma hora antes de dormir; observe se atingiu um estado de desaceleração, cujos sinais são evidentes: a mente fica mais tranquila; o corpo, mais sonolento; e a respiração, mais calma; tenha um horário fixo para dormir. Uma excelente maneira de relaxar é por meio do gatilho hipnótico. Ao se deitar, repita para si mesmo: "Estou seguro agora e quero dormir às X horas, ter um sono profundo e acordar às X horas feliz".

Fuja de televisão e celular antes de dormir, pois eles lhe deixarão em estado de alerta e dificultarão o relaxamento. Caso perceba que não está conseguindo dormir porque está com a mente muito acelerada, pegue papel e caneta e faça uma lista com todos os compromissos do dia seguinte, para limpar a mente.

3. PRATIQUE EXERCÍCIOS FÍSICOS

A atividade física libera endorfinas, o neurotransmissor responsável pelo bem-estar e que ajuda a reduzir o estresse. Escolha uma atividade de que você goste, como caminhar, dançar, praticar ioga ou fazer musculação.

Mesmo pequenos movimentos no dia a dia podem trazer benefícios significativos para sua saúde mental, como subir escadas em vez de usar o elevador, locomover-se a pé sempre que possível, brincar com seus filhos, levar os bichinhos de estimação para passear no parque... Qualquer coisa que lhe traga alegria e bem-estar.

4. RESPIRE COM CONSCIÊNCIA

A respiração é uma ferramenta importante para reduzir a ansiedade e aumentar o foco. Experimente técnicas de respiração profunda, como inspirar devagar pelo nariz, segurar o ar por alguns segundos e expirar lentamente pela boca. Isso ajuda a acalmar o sistema nervoso, além de trazer clareza mental e foco ao momento presente.

A respiração é tão importante, que é a primeira coisa que fazemos ao nascer e a última ao morrer. Ela traz a consciência de que estamos vivos e, portanto, é importante observá-la ao longo do dia. Além disso, ela é o nosso combustível e um excelente balizador de nossas emoções: pessoas ansiosas tendem a apresentar uma respiração mais curta, ao passo que pessoas que estão mais tranquilas tendem a ter a respiração mais longa.

5. USE SEUS CINCO SENTIDOS

Explore as possibilidades do mundo ao seu redor por meio dos sentidos: observe as cores, ouça os sons da natureza e de uma música, saboreie sua comida com atenção, toque texturas diferentes e aprecie aromas agradáveis. Essa prática simples pode trazer mais alegria e plenitude ao seu dia. Ao almoçar, tire o celular da mesa e sinta o sabor e o aroma dos alimentos, lembrando-se de mastigá-los bem; afinal, seu estômago não tem dentes!

6. CONECTE-SE COM A NATUREZA

Passar um tempo ao ar livre, em contato com a natureza, tem efeitos comprovados na redução do estresse e no aumento do bem-estar. Caminhe em um parque, sente-se à beira do mar ou simplesmente aprecie o céu. A conexão com a natureza ajuda a recarregar as energias e a encontrar paz interior. Por estarmos no automático, esquecemo-nos de que a maioria das belezas disponíveis é gratuita: sol, lua, cachoeiras, árvores etc.

Um bom exemplo de como a ausência de contato com a natureza pode ser prejudicial: atendi uma paciente certa vez que relatou que estava se sentindo triste, sem vida. Conversando com ela, descobri que ela trabalhava em um escritório fechado, com pouca entrada de luz natural. Sabe o que indiquei para ela? Todos os dias, no horário do almoço, essa paciente deveria sair para a rua e ter contato com a luz natural. Em pouco mais de um mês, ela me contou que sentiu uma diferença considerável em seu ânimo e em sua saúde. O melhor disso tudo? Sem gastar nada, apenas aproveitando a luz do sol.

7. RESGATE SEU PROPÓSITO DE VIDA

Reflita sobre o que dá sentido à sua existência. Quais são seus valores, suas paixões e seus objetivos? Dedicar-se a algo significativo traz motivação e felicidade duradoura. Se ainda não encontrou seu propósito, comece explorando novos interesses e experiências.

Pergunte-se: o que você gosta/gostava de fazer? O que deixou de fazer que lhe dava prazer? O que lhe motiva a levantar todos os dias da cama? O que você faria de graça? O que lhe faz perder a noção do tempo? Busque dentro de você o que lhe dá prazer.

Recentemente, passei por uma situação que me fez reforçar o meu propósito. Sofri um grave acidente de carro, mas consegui sair dele quase ilesa, embora tenha precisado de alguns tratamentos e de um tempo para me recuperar. Quando estava sendo retirada das ferragens e percebi que estava viva, pensei: *E se eu tivesse morrido, o que eu deixei de fazer? Meu Deus, eu não posso morrer agora, pois preciso terminar meu livro e levar uma mensagem de alívio e esperança para as pessoas, pois sou um instrumento para contribuir com a melhoria de vida delas.*

Deus ouviu minhas preces e hoje estou aqui, trazendo para você, leitor, um pouco da minha experiência como terapeuta e profissional. O que quero dizer com tudo isso é: se você morresse agora, o que se arrependeria de não ter feito? Propósito tem a ver com isto: encontrar o seu lugar no mundo e deixar um legado, algo positivo para você e para as pessoas que você ama.

8. SEJA GENTIL E AMOROSO

Pratique a bondade em suas relações diárias. Um sorriso, uma palavra amiga ou um gesto de carinho podem transformar o dia de alguém, e o seu também. Comece sendo gentil consigo mesmo, aceitando suas limitações e celebrando suas conquistas. Ouça mais, esteja presente nos relacionamentos, abrace mais as pessoas e a si mesmo, diga que ama. Ao se tratar com carinho, você conseguirá tratar os outros do mesmo modo, gerando uma corrente de gentileza e empatia.

9. ACEITE AS IMPERFEIÇÕES

A busca pela perfeição pode ser exaustiva e inalcançável. Reconheça que todos têm falhas e que isso faz parte da condição humana. Aceitar as imperfeições é libertador e possibilita que você viva com mais leveza. Pare de achar que você é sempre o dono da verdade, pois a sua verdade pode ser diferente da verdade do outro.

Compreenda a intenção do outro e, quando estiver conversando com alguém, peça para a pessoa repetir o que ela falou, para que você consiga refletir sobre o que foi falado. Respeite as diferenças, pois cada um tem uma intenção ao falar, e você precisa entender qual é a intenção do outro. Não existe jeito certo ou errado; cada um tem o seu e precisa ser respeitado.

10. PERDOE E AGRADEÇA

O perdão é um ato de libertação, já que, ao perdoar, você se liberta do peso do ressentimento e fica mais leve para seguir em frente. Pratique a gratidão diariamente, reconhecendo as coisas boas que já possui. Esse hábito aumenta a sensação de satisfação e felicidade. As pessoas que nos magoaram sempre nos fazem evoluir, pois aprendemos com a dor e evoluímos com ela.

Perdoar não é esquecer, mas é deixar de sofrer, é ressignificar o que aconteceu e seguir em frente. É fazer da dor a sua força, deixar com o outro o que é do outro. Pessoas ou situações difíceis podem nos ajudar a evoluir.

11. SAIA DO PILOTO AUTOMÁTICO

Você sente que vive ou que apenas existe? Volte a sentir, se conecte com suas emoções e viva o presente.

Por exemplo, durante uma conversa, ouça de verdade. Pergunte às pessoas com quem você se relaciona: "Como você está se sentindo?". Pense em se conectar profundamente com o outro, trocando olhares e emoções reais.

Reflita: de zero a dez, quanto você está, de fato, presente, em todas as suas interações? Tente sempre aumentar esse número e resgate o prazer e a conexão de viver cada momento.

12. REDUZA O TEMPO DE TELAS

As telas nos distraem e nos afastam do momento presente. Use a tecnologia com sabedoria e programe, no mínimo, 1 hora por dia sem celular para estar consigo ou com quem você ama. Leia um livro, pratique uma atividade física, passeie no parque ou brinque com seu filho sem interrupções.

13. VALORIZE O ESSENCIAL COM ROTINAS CONSCIENTES

Organize seu tempo para o que realmente importa: família, saúde e descanso. Para tanto, sugiro que identifique três prioridades diárias e cumpra-as com foco. Imagine um dia organizado, com espaço para o que lhe faz feliz.

14. RESGATE O EQUILÍBRIO EM TODAS AS ÁREAS DA SUA VIDA

Todas as áreas precisam de atenção e harmonia: pessoal, familiar e profissional. Somos seres integrais, não fragmentados.

E por onde você pode começar? Pelo começo, estabelecendo prioridades.

Faça uma lista de como melhorar cada área da sua vida e escolha um pequeno passo para começar. Visualize-se feliz e equilibrado, com a vida fluindo em harmonia. Crie uma lista de prioridades, separando o que é urgente do que é importante. Reveja a lista todos os dias. Você vai se surpreender com os resultados!

Exercício – Autoavaliação

Vamos agora avaliar como você já está em cada um dos pontos anteriores. Trouxe aqui catorze perguntas e quero que, para cada uma, você dê uma nota de 1 a 5, em que:

- 1: Preciso melhorar muito.
- 2: Estou começando a melhorar.
- 3: Estou me esforçando.
- 4: Estou indo bem.
- 5: Estou ótimo nisso!

1. Eu cuido da minha alimentação, escolhendo alimentos naturais e saudáveis? ( )
2. Meu sono tem sido tranquilo e reparador? ( )
3. Consigo incluir atividades físicas na minha rotina semanal? ( )
4. Costumo parar e prestar atenção na minha respiração ao longo do dia? ( )

5. Tenho usado meus sentidos para apreciar o momento presente? Olhar, ouvir, sentir, saborear, cheirar, agradecer pelo que tenho. ( )
6. Eu me conecto com a natureza e aproveito momentos ao ar livre? ( )
7. Estou alinhado com meu propósito de vida ou estou procurando descobri-lo? Ou estou procrastinando? Colocando a culpa no outro? ( )
8. Sou gentil comigo mesmo e com os outros? Sou generoso para ouvir o outro? Tenho inteligência emocional para saber a hora certa de falar e de escutar? ( )
9. Aceito minhas imperfeições e as dos outros com leveza? ( )
10. Sou capaz de perdoar a mim e aos outros, reconhecendo meus aprendizados? ( )
11. Consigo sair do piloto automático e viver no presente? ( )
12. Estou reduzindo o uso de telas? ( )
13. Crio rotinas que valorizam o essencial? ( )
14. Busco equilíbrio em todas as áreas da minha vida? Ou priorizo mais um aspecto do que outro? ( )

Uma vez respondidas essas perguntas, use os seguintes parâmetros para avaliar seu desempenho:

- **De 14 a 28 pontos:** você está começando. Concentre-se nos itens mais desafiadores para você. Pequenos passos fazem a diferença.
- **De 29 a 56 pontos:** parabéns pelo progresso! Continue se dedicando e observe como esses hábitos já estão mudando sua vida.
- **De 57 a 70 pontos:** excelente! Você está vivendo de maneira consciente e experimentando os benefícios dessa prática.

E, por último, gostaria que você refletisse:

- Quais itens foram mais fáceis para você?
- Quais itens pareceram ser os mais desafiadores?
- Como se sentiu ao observar seus resultados?

Lembre-se: você já deu o primeiro passo. Continue cuidando de si, porque você merece ser feliz e viver em equilíbrio.

BUSQUE DENTRO DE VOCÊ O QUE LHE DÁ PRAZER.

09.

ALCANÇANDO O EQUILÍBRIO EMOCIONAL

Ao longo deste livro, percorremos juntos uma jornada profunda de autoconhecimento e transformação. Exploramos metodologias e filosofias que oferecem uma nova perspectiva sobre a vida, permitindo-nos viver de modo mais pleno e saudável. Agora, ao chegarmos ao final desta caminhada, é possível perceber que este não é um ponto de chegada, mas sim o início de um novo ciclo, repleto de possibilidades, aprendizado e crescimento.

A integração das metodologias e filosofias apresentadas ao longo do livro proporciona um novo olhar sobre sua saúde mental, emocional e física. Com esse conhecimento, você está mais capacitado a assumir o papel de protagonista da sua história, compreendendo que o poder de transformação está ao seu alcance. Basta olhar para dentro de si mesmo e agir com consciência.

O autoconhecimento é o primeiro passo no caminho da evolução pessoal, pois, como disse Carl Jung, "quem olha para fora, sonha; quem olha para dentro, acorda".[16]

O entendimento das causas profundas dos nossos desafios – sejam emocionais, sejam familiares ou profissionais – reside no inconsciente. Quando nos permitimos explorar as emoções não resolvidas e os padrões enraizados em nossa história, abrimos a possibilidade de ressignificar nossa trajetória e construir um futuro mais harmonioso.

O MÉTODO PSICOSSISTÊMICO NO DIA A DIA

A abordagem psicossistêmica nos ensina que somos influenciados por padrões familiares e ancestrais, e que a compreensão desses vínculos pode nos

16 JUNG, C. G. **Cartas de C. G. Jung – Volume I**: 1906–1945. Petrópolis: Vozes, 2018. p. 33.

libertar de sentimentos como culpa e impotência. Essa consciência nos dá poder para agir de maneira mais efetiva. O método psicossistêmico desenvolvido por mim, Bernadete Moraes, é uma abordagem integrativa que permite aplicar esses conhecimentos em diversos aspectos da vida: nas relações familiares, profissionais e no processo terapêutico.

Ao incorporar a visão psicossistêmica em seu cotidiano, você perceberá que os desafios e bloqueios não são meros obstáculos, mas oportunidades para o aprendizado e crescimento. A verdadeira transformação ocorre quando aceitamos e compreendemos nossas experiências e emoções sem julgamentos. Cada dificuldade pode ser vista como um convite para o crescimento.

Compreender que sentimentos não resolvidos se manifestam como sintomas físicos e comportamentais nos ajuda a enxergar nosso corpo e nossa mente com mais compaixão. Cada sintoma é uma mensagem que nos convida a investigar com mais profundidade suas causas. Quando aceitamos essa comunicação interna, a cura se torna um processo natural.

O corpo reflete nosso estado mental e emocional. Portanto, a cura verdadeira não se limita ao alívio dos sintomas físicos; ela requer uma abordagem integrada, que engloba a mente e as emoções. Utilizando o método psicossistêmico, você terá as ferramentas necessárias para promover transformações internas e melhorar significativamente sua qualidade de vida. A incorporação desse método no dia a dia pode trazer benefícios notáveis à saúde mental e emocional, pois ele:

- auxilia na compreensão dos mecanismos de defesa criados pela mente, trazendo autoconhecimento e melhorando a autoestima;
- nos mostra que todo sentimento não resolvido se traduz em sintomas físicos e emocionais;

- ajuda-nos a identificar bloqueios que impedem o crescimento pessoal e profissional, sendo que muitos deles podem ter origem na repetição de padrões ancestrais, que influenciam nossas decisões e nossos comportamentos;
- demonstra que o inconsciente não esquece, e sim registra cada experiência e a reproduz em forma de padrões. Como a mente não distingue realidade de imaginação, traumas e bloqueios podem permanecer ativos sem que percebamos. A hipnoterapia acessa essas memórias profundas, permitindo que encontremos as causas ocultas dos nossos sintomas.

Ao compreender o funcionamento e a função de cada uma dessas ferramentas, você poderá acessar as chaves para sua transformação interior e desenvolver uma nova relação com sua saúde e seu bem-estar. A jornada que iniciamos juntos não termina aqui; ela continua em cada escolha consciente, em cada passo dado em direção à sua melhor versão. A mudança está em suas mãos, e o próximo capítulo desta história depende de você.

Exercício – A jornada de cura do "sentimento esquecido"

Este exercício tem como objetivo ajudá-lo a identificar e ressignificar um sentimento ou trauma não resolvido, que pode estar influenciando seu comportamento e sua saúde. É um exercício simples, mas eficaz, que você pode fazer sozinho ou na companhia de outra pessoa.

Passo 1: conectando-se ao sentimento

Feche os olhos e respire profundamente algumas vezes, permitindo que o corpo relaxe e a mente se acalme. A seguir, pense em uma situação do passado que tenha causado um desconforto emocional significativo (uma dor, um medo, uma raiva ou tristeza, algo que ainda "incomode", mas que talvez esteja adormecido).

Ao visualizar a cena, busque acessar o que aconteceu e o que sentiu naquele momento. Pergunte-se:

- Como se sentia na época?
- O que estava acontecendo com você emocionalmente?

A ideia é se conectar com o sentimento que ficou guardado e não resolvido por completo.

Passo 2: identificação do sentimento esquecido

Agora, visualize esse sentimento como um objeto, cor ou forma. Pode ser uma bola, uma sombra ou até mesmo uma cor associada àquela emoção. Dê um nome a esse sentimento: pode ser algo simples, como "raiva", "solidão", "medo", mas também pode ser mais elaborado, como "angústia do abandono" ou "dor de rejeição". Isso vai ajudar a dar forma e clareza ao sentimento.

Pergunte-se:

- Se esse sentimento fosse algo físico, como seria?
- O que ele está tentando me ensinar ou comunicar?

Passo 3: ressignificando o sentimento

Agora, dê um novo significado ao sentimento. Analise o que você aprendeu com aquela situação, mesmo que tenha sido dolorosa. O objetivo é ver a experiência não apenas como uma fonte de dor, mas também como uma oportunidade de aprendizado. Se for possível, faça uma declaração de perdão ou compreensão, para si mesmo ou para as pessoas envolvidas na situação. Isso pode ajudar a liberar a carga emocional.

Exemplos de frases que você pode declarar:

- "Eu entendo que essa dor me ensinou a ser mais forte e a respeitar meus limites."
- "Eu me perdoo por não ter sabido lidar com a situação naquela época."
- "Agora entendo que essa experiência me preparou para ser mais consciente das minhas emoções."

Passo 4: libertação e cura

Agora, visualize essa "imagem" do sentimento (objeto, cor ou forma) desaparecendo ou se transformando em algo positivo e que lhe cure. Pode ser uma luz suave, que se espalha, ou uma sensação de paz que envolve todo o corpo.

Se estiver fazendo o exercício com outra pessoa, esse passo pode ser facilitado por meio de uma conversa de apoio, em que você pode ajudar o outro a ver a experiência sob uma nova perspectiva, conectando a situação dolorosa ao aprendizado e crescimento pessoal.

Passo 5: reflexão final

Depois que a visualização terminar, reflita sobre o que foi aprendido:

- Como você se sente agora em relação àquele evento ou sentimento?
- Qual foi o maior aprendizado que essa experiência lhe trouxe?
- De que maneira você pode usar esse aprendizado para sua vida cotidiana?

Esse exercício, além de ser uma experiência profunda de autoconhecimento, pode ser muito útil para liberar bloqueios emocionais, possibilitando a recuperação, a energia e a clareza mental, tão necessárias para avançar na vida com mais equilíbrio e bem-estar. Ele pode ser repetido sempre que você sentir que uma nova emoção não resolvida está surgindo, sendo uma prática de autoterapia que ajuda a integrar e ressignificar experiências emocionais passadas.

VIVENDO PLENAMENTE A EXPANSÃO DA CONSCIÊNCIA

Você tem em mãos o poder de transformar a sua realidade. A compreensão de que sua mente, suas emoções e suas escolhas são determinantes para o equilíbrio é o primeiro passo para uma verdadeira revolução interna. Não há limites para o que você pode alcançar quando passa a reconhecer o papel fundamental que exerce sobre a própria existência. Afinal, conforme um ensinamento atribuído a Viktor Frankl, um dos maiores psicoterapeutas da história: "Entre o estímulo e a resposta, há um espaço. Nesse espaço, está o nosso poder de escolher nossa resposta. De nossa resposta dependem o nosso crescimento e a nossa liberdade".[17]

Cada novo dia traz consigo a oportunidade de tomar decisões que moldarão seu futuro. Você pode enxergar os desafios como barreiras intransponíveis ou como portais para a evolução pessoal. A maneira como você interpreta os acontecimentos ao seu redor determina a qualidade da sua experiência de vida. Quando você incorpora o método psicossistêmico em sua jornada, passa a perceber a interligação entre suas emoções, suas vivências e seu corpo físico,

17 COVEY, S. R. **Primeiro o mais importante**. Rio de Janeiro: Elsevier, 2003.

compreendendo que cada escolha reflete um movimento interno que pode ser ressignificado e reprogramado.

Você não precisa mais ser prisioneiro dos padrões do passado. Você é o arquiteto do seu destino. Ao aplicar os princípios deste método, você descobrirá as chaves para desbloquear seu verdadeiro potencial, promovendo o equilíbrio em suas relações interpessoais, em sua carreira e, principalmente, em sua saúde mental e emocional.

O método psicossistêmico é universal. Ele pode ser utilizado em diversos contextos: na vida pessoal, nos relacionamentos familiares, no ambiente corporativo, em processos terapêuticos e em qualquer situação que demande equilíbrio, transformação e crescimento. Ele age como um farol, iluminando os caminhos e proporcionando clareza para que você avance com segurança e confiança.

Agora é o momento de assumir o protagonismo da sua história. O futuro que você deseja começa com a coragem de olhar para dentro, reconhecer suas sombras e tomar decisões conscientes. Essa jornada de autodescoberta não termina aqui; ao contrário, ela está apenas começando.

O método é apenas um instrumento para que você alcance o seu verdadeiro eu. Espero que, com ele, eu tenha conseguido me conectar ao seu coração. Pois nada ocorre por acaso: estamos juntos nessa grande viagem chamada vida. O poder de transformação sempre esteve em suas mãos. Confie em sua capacidade de evoluir, de curar feridas emocionais e de construir a vida plena que você merece viver. Caminhe com determinação e autenticidade, sabendo que cada passo em direção ao autoconhecimento é um passo em direção à liberdade e à realização.

Desperte-se para sua verdadeira essência e abrace a possibilidade de uma vida mais consciente, equilibrada e significativa.

Confie!

EXERCÍCIOS BÔNUS

EXERCÍCIO BÔNUS - O TEMPO E O ESPAÇO

Este exercício foi desenvolvido para revelar padrões familiares inconscientes, que influenciam diretamente seus resultados, emoções e escolhas. Ele é um convite para olhar com profundidade para sua relação com o tempo, o espaço e as imagens parentais que lhe moldaram, além de auxiliar na descoberta do que pode estar travando a sua vida.

1. Preparação

- Escolha um momento tranquilo do seu dia.
- Sente-se confortavelmente, com papel e canetas coloridas à disposição.
- Respire fundo. Silencie o mundo lá fora, este é um encontro com você.

2. Desenhe o tempo e o espaço

- Desenhe um símbolo que represente o tempo para você. Não pense demais, deixe sua intuição lhe guiar.
- Desenhe um símbolo que represente o espaço para você. Deixe o que vier à mente fluir naturalmente.
- Não se preocupe se está certo ou errado, bonito ou feio. O importante é permitir que sua expressão interna ganhe forma.

3. Desenhe-se no papel

- Agora, represente você mesmo(a) nesse espaço.
- Desenhe o seu corpo ou uma figura que lhe simbolize entre o tempo e o espaço.
- Não precisa ter beleza ou técnica. O essencial é se colocar no papel e perceber onde você está em relação a esses elementos.

4. Reflita com profundidade

- Olhe para o que você criou e, com gentileza, responda no próprio papel, sem filtros ou julgamentos:
  - Por que escolhi esse símbolo para representar o tempo?
  - E esse outro símbolo para o espaço?
  - Onde me posicionei: mais próximo do tempo ou do espaço? Ou distante dos dois?
  - Como me senti enquanto estava desenhando?
  - Tive alguma lembrança ou memória recorrente durante o processo?

Anote tudo. As palavras que vierem. As emoções que surgirem. O que você desenhou é um retrato do seu mundo interno. Escute-o com carinho.

Você está pronto para entender o que o seu desenho revelou?

Este exercício é mais que uma atividade simbólica: é um portal de acesso ao seu inconsciente e carrega pistas preciosas sobre quem você é, onde se perdeu de si e o que precisa curar. Mas talvez você ainda esteja se perguntando:

- O que significa cada desenho e suas posições?
- Por que escolhi determinado símbolo para representar o tempo, o espaço e a mim?
- Como tudo isso se conecta com minha vida, minha história familiar, meu pai, minha mãe, e até mesmo com ancestrais que nunca conheci?

Vamos entender, com base no método psicossistêmico, a leitura de cada tipo de posicionamento e símbolo, revelando o que ele diz sobre sua caminhada, seus bloqueios e o seu momento de vida.

Interpretação do exercício

O tempo

Seu desenho do tempo revela sua relação com figuras masculinas da família, especialmente o seu pai: olhe com atenção o que você desenhou e por quê. O que sua mente pensou estará relacionado com a forma como você recebe êxito e direção. Alguns exemplos de desenhos:

- Relógio ou linha reta: pressão para cumprir deveres ou ter produtividade excessiva. Você sente que deve honrar o seu pai a qualquer custo. Atenção: deixe com o pai o que é dele e se permita fazer diferente.
- Ampulheta ou areia caindo: ansiedade com o tempo, sensação de que o passado pesa sobre você. Traga à consciência que você fez o melhor que podia. Transforme isso em força.
- Montanha: indica estabilidade, um pai sólido, mas emocionalmente distante. Tome o seu lugar e se sinta forte para seguir.
- Relâmpago: conflitos ou pressões emocionais vindas do lado masculino da família. Não se esqueça de agradecer, pois você é um milagre da vida.

O espaço

Seu desenho do espaço reflete sua conexão com figuras femininas, como sua mãe ou suas avós. Alguns exemplos de desenhos:

- Círculos: busca por perfeição, herdada de mulheres exigentes ou superprotetoras. Repetição de padrões.

- Nuvens: necessidade de liberdade emocional ou busca por leveza. Tenha coragem para mudar.
- Casa: desejo de acolhimento e segurança, mas possível desequilíbrio nessa área. Pode indicar carência.
- Ondas: emoções fluidas ou instáveis, influenciadas por figuras maternas intensas. Pode indicar que você está honrando as dores da sua mãe.

Sua posição no desenho

- Próximo ao tempo: mais influência ou cobrança das figuras masculinas; possível rigidez ou excesso de responsabilidade.
- Próximo ao espaço: forte conexão com figuras femininas, mas possível dificuldade em estabelecer limites. Você precisa olhar para a prosperidade, abundância e força de vida.
- Equilibrado entre os dois: harmonia ou consciência sobre esses aspectos.
- Distante de ambos: desconexão com sua história familiar ou dificuldade em se identificar com ambos os lados.
- À frente do tempo e do espaço: você está recebendo forças do seu sistema. Isso significa que recebe êxito e direção do lado masculino e prosperidade, abundância e força de vida do lado feminino. Esse é um posicionamento poderoso.
- Na mesma linha do tempo e do espaço: indica que você está fora do seu lugar, o que pode gerar bloqueios e impedir que receba a força necessária da sua ancestralidade.
- Atrás do tempo e do espaço: você pode estar tentando salvar seus antepassados, assumindo um peso que não é seu. Isso pode estar drenando sua energia.

Afirmação de cura

É importante que você olhe o quanto você se permite fazer diferente dos seus pais ou antepassados. Fale para si mesmo(a): "Agora me sinto permitida(o) a fazer diferente dos meus pais. Deixo com eles o que é deles. Era ou é a cura deles. Eu sou apenas o filho(a), neto(a) ou descendente. Tomo somente o meu lugar e deixo para eles o que é deles. Por favor, me abençoem e me permitam seguir, tomando somente o meu lugar. Assim é o certo".

EXERCÍCIO BÔNUS - O JOGO DOS ANIMAIS

Refletir sobre os significados simbólicos em nossa vida pode revelar tanto nossos pontos fortes quanto nossas fragilidades. Os animais que escolhemos intuitivamente trazem mensagens profundas sobre nossa personalidade, comportamento e padrões inconscientes.

Instruções:

- Respire fundo e relaxe. Deixe sua intuição guiá-lo.
- Escolha três animais:
  - Primeiro: o que você mais gosta e com o qual sente mais afinidade.
  - Segundo: um de que você gosta, mas não tanto quanto o primeiro.
  - Terceiro: um de que você gosta, mas não tanto quanto o primeiro e o segundo.
- Para cada animal escolhido, anote:
  - Três características principais que você associa a ele.
  - O motivo da sua escolha: por que esse animal o atrai? O que ele representa para você?

Lembrando que cada pessoa tem sua história e suas experiências, e é nesse olhar mais atento que surgem os sentidos reais das suas escolhas.

Após escolher e anotar as características dos seus animais preferidos, lembre-se de que cada escolha reflete algo sobre você. Os animais simbolizam:

- Quem você tenta ser e nem sempre consegue ou não fica feliz sendo.
- Como as pessoas o veem.
- Quem você realmente é. Sem máscaras.

Importante salientar que os itens indicados anteriormente são pontos para serem observados e refletidos, não verdades absolutas. Lembre-se: o exercício é feito driblando a mente. As respostas estarão conectadas com a sua essência.

Interpretação do exercício

Neste exercício, os três animais que você escolheu revelam dimensões diferentes de sua personalidade. Essas escolhas são simbólicas e refletem desejos, projeções e sua essência mais verdadeira.

Significado de cada animal escolhido:

- Animal 1 – Quem você tenta ser

Representa a imagem que você busca alcançar, o ideal que persegue, ou a versão de si mesmo que gostaria de mostrar ao mundo. É um reflexo de suas aspirações, sonhos e expectativas.

- Animal 2 – Como as pessoas veem você

Mostra como os outros costumam percebê-lo, o que você transmite em atitudes, comportamentos e posturas – mesmo que não seja o que sente por dentro.

- Animal 3 – Quem você realmente é

Reflete sua essência, o seu "eu" mais verdadeiro. Pode ser algo que você esconde ou que ainda está em processo de descoberta. Geralmente, esse animal carrega verdades profundas sobre seus dons e suas vulnerabilidades.

Exemplos de animais e possíveis reflexões:

- Leão: força, liderança, coragem.

Reflexão: estou tentando controlar tudo? Tenho medo de mostrar vulnerabilidade? Sou realmente tão forte como aparento ou uso essa imagem como defesa?

- Cachorro: lealdade, amizade, proteção.

Reflexão: estou colocando os outros à frente de mim? Recebo o amor que ofereço? Consigo dizer não quando necessário?

- Gato: independência, mistério, sensibilidade.

Reflexão: estou me protegendo demais das pessoas? Tenho medo de depender de alguém ou de mostrar minhas emoções?

- Águia: visão ampla, liberdade, poder de decisão.

Reflexão: estou olhando minha vida de cima ou presa nos detalhes? Quero voar, mas algo me prende ao chão?

- Cavalo: força vital, liberdade, energia.

Reflexão: estou me movendo em direção ao que quero? Tenho me sentido aprisionado?

- Borboleta: transformação, beleza, leveza.

Reflexão: estou resistindo às mudanças? Consigo me permitir ser quem sou, sem medo do julgamento?

- Coruja: sabedoria, introspecção, intuição.

Reflexão: tenho escutado minha intuição? Estou isolado demais ou usando o silêncio como defesa?

- Elefante: memória, ancestralidade, poder silencioso.

Reflexão: estou carregando fardos antigos? Como honro minha história familiar?

- Raposa: astúcia, estratégia, inteligência emocional.

Reflexão: estou confiando nos outros? Estou sendo verdadeiro(a) comigo mesmo?

- Golfinho: alegria, comunicação, conexão.

Reflexão: tenho deixado a leveza fazer parte da minha vida? Me expresso com autenticidade nos meus relacionamentos?

Dica final:

Releia suas escolhas com carinho. Cada animal representa um pedaço da sua história, um aspecto seu que merece ser reconhecido, cuidado e, se necessário, transformado.Use essa consciência como ponto de partida para viver com mais verdade, liberdade e força emocional.

Este livro foi impresso pela gráfica Grafilar em papel lux cream 70g/m² em agosto de 2025.